\ FPの先生！/

小学生の私でも
わかるように

お金の増やしかた教えてえや

ファイナンシャルプランナー

佐々木裕平

文響社

こんにちは。筆者の佐々木裕平です。

2020年、世界はコロナウイルスという災禍によって大きく様変わりしました。世界経済は大きく停滞し、人々はこの先の生活に大きな不安を抱えながら過ごしています。

この先どのくらいお金がかかるのか。資産をどう守っていったらいいのか。本書はそれに対する一つの答えとして、**つみたて NISA（つみたてニーサ）と iDeCo（イデコ）**を使った資産形成を提案しています。

つみたてニーサとイデコとは、金融庁と厚生労働省が推薦する、投資初心者にも安心な、お得に資産を増やすことのできる制度のことです。

毎月決まった額を投資に回し、効率的に、そしてお得に資産が増やせるこの制度は、すでに**1,600万人を超える人が始めており**（全ニーサ系含む）、**その数は毎月数万人の単位で増え続けています。**

資産形成というと、めんどくさくてプロにお願いしないとうまくいかないようなイメージを抱きがちですが、つみたてニーサとイデコについては、**一度手続きをしてしまえば、あとはほったらかしで大丈夫**。複利効果で何もせずに資産が増えていきます。毎日お金の運用について頭を悩ませることも、いちいちお金を払って専門家に相談する必要もありません。

この2つの制度を使って、お金の問題から解放される未来を実現できるとしたら、あなたはいつ行動を起こしますか？

十年後？　それとも、今日から？

　本書では難しい表現は用いず、小学生の女の子とお金の先生、二人の楽しい会話を読み進めるだけで理解が深まっていく構成になっています。これ一冊で、つみたてニーサもイデコのことも、投資銘柄の選びかたも運用方法も、すべてスッキリわかります。

――トントン。

　おや、誰かが扉をノックしています。

　さあ、さっそくつみたてニーサとイデコを使った、楽しい資産づくりの旅に出発しましょう！

目次

第❶章　資産形成はとっても大切なんじゃ！

第❷章　お金が増えていく理由を わかりやすく教えてえや

第 **3** 章　つみたてニーサについて教えてえや

第 4 章　イデコについてもわかりやすく教えてえや

第 5 章　失敗しない運用方法を教えてえや

装丁＋中面デザイン …… 大井香苗
デザイン協力 …………… 文響社デザイン室

第 1 章

資産形成は
とっても大切
なんじゃ！

少子高齢化で、迫り来る老後2,000万円問題――。

うちはそんなにたくさんのお金を貯められるんじゃろうか？

お金の増やしかた教えてえや

あれ？　扉を開けても、誰もいませんよ？

ちょっと、下におるけえ、はあ、よう見んさいや！

——そこには真っ赤なランドセルを背負った小さな女の子が一人立っ
ていた。

えーっと、何か御用ですか？

うん！　うちにお金の増やしかたを教えてえや！

えっと、あなたのお名前は？　おうちの人は一緒じゃないの？

うちの名前は高山京子、段々<ruby>段々<rt>だんだん</rt></ruby>小学校六年生。一人で来たけえ、誰
もおらん。

そうなんだ。京子ちゃん、こんにちは。僕は金融教育研究所の佐々
木裕平といいます。確かにここは資産運用を始めとした金融教育を、
誰にでもわかりやすく教えることをモットーとしているところ。でも
京子ちゃんみたいな、小さなお客様が一人で来るのは初めてです。

所長、いいじゃないですか。小学生でも立派なお客様ですよ。

佐々木が振り返ると、そこにはいつも事務作業を手伝ってくれる山田がいた。山田は67歳の朗らかな女性である。

 京子ちゃんのおうちには私が一本お電話を入れておきますから。

山田はテキパキと京子の携帯電話から自宅に電話を入れさせ、両親に挨拶をし、了承を得た。

 はい。これでオッケーです。京子ちゃん、良かったわね。

 うん！　よろしくお願いします！

 やれやれ、山田さんにはかないません。

 うちは百歳まで生きるんじゃけえ

 えっと、それで京子ちゃんは、どうしてお金の増やし方を知りたいの？

 うん！　うちね、テレビで『老後2,000万円問題』っていうんを見たんよ。ようわからんけど、うちがおばあちゃんになった時には、**ぶちお金がかかるらしいんよ。**ほいじゃけえ、はようからお金のことを勉強しとりゃあ、お金に困らんじゃろうって思ったんよ。

はーい、お邪魔しまーす。京子ちゃん、宇宙一おいしいお茶ですよー。

 山田さん、そこは「粗茶ですが」と言うところでは……。

 いえいえ、私が淹れたから宇宙一おいしいのです。

 まあ、確かにそうですね。

 そうでしょう。私の淹れたお茶は宇宙一でございます。

 そうじゃなくて。長生きをするとお金がかかるっていう話です。確かに日本人の平均寿命は戦後に大きく延びました。**1947年当時の平均寿命はだいたい男性50歳、女性54歳**でした。しかし今では**男性でも81歳くらい、女性では87歳くらい**です（厚生労働省HPより）。

この70年で平均寿命は30歳以上延びた！

 日本人は長生きになったもんじゃねえ！

これはあくまでも平均寿命です。ですから長生きをする人なら百歳くらいまで生きます。でもそうすると、今度は生活に必要なお金が、たくさん必要になってきます。

ほうじゃろう？　うち、もう将来が心配でいけんのんよ。

あら京子ちゃん、そんなに心配しなくても大丈夫よ。公的年金っていうのが、しっかりもらえるんだから。

おっと山田さん、そうとばかりは言えませんよ。失礼ながらお尋ねしますが、山田さんのおうちは公的年金を月平均にすると22万円くらい受け取っているのではないでしょうか。

はい、それが何か？

毎月の生活費はいくらくらいですか？

うーん、そうですね。夫と二人暮らしですけど、26万円くらいかしら。毎月4万円ほど足りないから、その分は貯金を引き出していますわ。

山田さんの家計は、平均的なご家庭の数値だと思います。その場合は、毎月4万円足らないわけですから、年間では48万円足らないことになります。仮に65歳で退職をして100歳まで生きるとすると、35年間ありますので、単純計算でこうなります。

毎年の生活費(年間)	月26万円	× 12か月	= 312万円
公的年金からの収入(年間)	月22万円	× 12か月	= 264万円
年間不足額(貯金の引き出し額)	312万円	− 264万円	= 48万円
65歳から100歳までに 必要な貯蓄額	48万円	× 35年間	= 1,680万円

(税金や医療費など無視した場合)

 年金以外のお金が1,700万円ほど必要なのね。でも大丈夫です。私の家は**夫の退職金と預貯金で2,000万円くらいの蓄え**はありますもの。このくらいのお金なら、私たち世代の人はたいてい持っているんじゃないかしら。預貯金だけでもなんとかなります。ねっ、だから京子ちゃんも心配しなくても大丈夫よ。

 いやいや、山田さん、そうじゃないんです。いま若い、京子ちゃんだからこそ心配をしなくてはいけないんです。いいですか？　今の時代は**少子高齢化社会**です。そして、年金という仕組みは基本的に現役世代が高齢者の方の年金を支払っている、という形です。いわば「**仕送り形式**」です。ということは、少子高齢化が進む社会で、京子ちゃんが年金を受け取れる65歳以降になったらどうなると思います？

 あら、どうなるのかしら。

 いまより高齢者の方が増えて若い人が減ります。現役世代から仕送りされるお金が減るにもかかわらず、お年寄りの数は増える。

つまり、おばあちゃんになった京子ちゃんが受け取れる年金額は今より大幅に減るということです。

人口ピラミッドの移り変わり

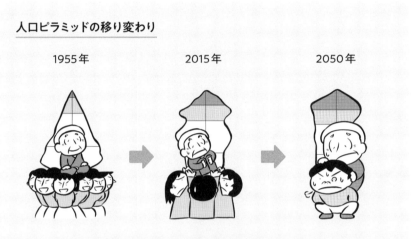

1955年　　　　2015年　　　　2050年

少子高齢化社会によって、若者の負担が大きくなった！

 そうなんよ。うちもテレビでそう聞いたけえ、ぶち（とても）ヤバいじゃんって思うたんよ。それでここの筋肉研究所に来たんよ。

 京子ちゃん、筋肉じゃなくて金育。正式名称は金融教育研究所ね。

 ああ、それそれ。で、うちが受け取れる年金はいくらになるん？

 そうですね。僕が想定している将来のもっとも悪いパターンでは、現在のお金の価値に換算して、夫婦二人家庭の平均で毎月13万円程度というところです。

13万円!?　今の半分しかもらえないってこと？　ちょっと所長、大変じゃないの！

 はい、大変です。会社員の方の年金の場合、**1935年生まれの世代の方は自分が支払った年金保険料のおよそ8倍が受給できるようですが、京子ちゃん世代はおよそ2倍**になるだろう、って言われています。

 なんでそんなにうちのもらえるお金は少ないん？

 その理由がさっきの少子高齢化です。仕送り形式だから、若い人が減って高齢の方が増える時代では、どうしても一人当たりの受給額が減る可能性があるんです。

 そうなんじゃ。ほいじゃあ、うちは老後にいくらくらいお金がいるん？

 ちょっと京子ちゃんが65歳から100歳まで、山田さんと同じ条件の出費で生活したら、いくら貯蓄が必要か計算してみましょう。

毎年の生活費（年間）	月26万円 × 12か月 ＝	312万円
公的年金からの収入（年間）	月13万円 × 12か月 ＝	156万円
年間不足額（貯金の引き出し額）	312万円 － 156万円 ＝	156万円
65歳から100歳までに必要な貯蓄額	156万円（年間不足額） × 35年間 ＝	5,460万円

※税金や医療費など無視した場合

先ほどの山田さんの場合は、35年間で、1,700万円程度で生活できました。でも、京子ちゃんの場合は、5,500万円くらい必要になってしまいます。その差は実に3,800万円です。

 はあー！　うち、やっぱりぶちやばいじゃん！

 そうですね。山田さんの時代よりも京子ちゃんの時代は、かなり厳しい時代になることが、いまから予想されます。必ずそうなるわけじゃないですが、そうなる可能性は高い。だからそれに備えておくことが重要なんです。

 所長、どうしたらいいんですか？　このままじゃ京子ちゃんの人生が大変なことになってしまいそうだわ。5,500万円もの大金を貯金で用意できるかしら。

 それは一般的には難しいですね。もしも、貯金だけで65歳までに5,500万円を貯めようとすると、20歳からずっと、毎月およそ10万円を「積立貯金」しないといけません。若いうちからそんな余裕がある人はほとんどいないでしょう。

 じゃあ、京子ちゃんはどうしたらいいんですか？

 うち知っとるで。増やしたらええんよ。親戚のおばちゃんが法事の時にこういうとった。「あんたあ知っとる？　金融教育研究所いうんは、お金の増やしかたを教えてくれるんよ。小学生でもわかるくらい、ぶちわかりやすいんじゃけえ」って。ほいじゃけ、ここに来たんよ。

そ、それはありがとう。ここは金融教育を推進するだけの、ちょっと珍しい場所なんです。僕は夢中でそれをやっています。

 そうですね。この前なんて所長が夢中になりすぎて、公開講座でお客様たちから料金を回収するのを忘れましたもんね。

 いやあ、あれには驚きました。いま思い出しても大笑いですよ。あはは。

 所長、笑い事じゃありませんよ!

 ま、まあ、それはともかく、さっそくお金の増やしかたを基本から学びましょう!

第 2 章

お金が増えていく
理由をわかりやすく
教えてえや

そもそもイデコとつみたてニーサだけでお金が増えていく
理由がわからんのよ。小学生にもわかるように教えてえや！

つみたてニーサと
イデコってなんなん？

 それでは始めましょう。

 よろしくお願いします！

 さっき計算してみたように、京子ちゃんの時代は、老後のお金を自分でたくさん用意しないといけない時代です。これは日本の年金の仕組み上、そうなる。でもあきらめるのではなくて、自分でできることはやるべきです。

 そうなんじゃね。ほいじゃあ、お金をお得に増やせる方法教えて？あと、先生しゃべりかたが堅苦しいけえ、もっと楽にしゃべってえや。**はあ、なんか疲れるけえ。**

 そ、そうですか。わかりました、じゃなくて、わかった。少しくだけた感じでいこうね。率直に言えば、お得に増やせる可能性のある制度はあるよ。それが次の2つ。

- **つみたてニーサ**（金融庁管轄）
- **イデコ**（厚生労働省管轄）

※正式には「つみたてNISA」と「iDeCo」ですが、本文内ではカタカナで表記しています

ニーサにイデコ。変な名前じゃねえ。それがなんでお得なん？

 理由は税制面で優遇されているからだよ。

 税制って税金のこと？

 そう。税金っていうのは、みんなが納めている社会の会費みたいなもの。税金をみんなが納めているからこそ、京子ちゃんは毎日アスファルト舗装されている道路を無料で歩いたり、トンネルを通ったり、段々小学校に通ったりできるんだ。あそこは公立だからね。ちなみに、僕も段々小学校の卒業生だよ。

 えー、そうなん!?　じゃあ先輩じゃあ!　なんかうち、ぶち親近感わいたわあ。

 それで、その税金っていうのは、投資で利益が出たらおよそ2割を国に納めないといけないんだ。2割っていうのは20％っていうこと。例えば京子ちゃんが100万円儲かったら、およそ20万円を税金として納めないといけないんだ。

 えっ、20万円も？　ぶち高いじゃん。

 そう、高いね。でもさっき言った、つみたてニーサとイデコという2つの制度での利益なら非課税になる。簡単に言うと、儲けが全部自分のものになる。だからお得なんだよ。

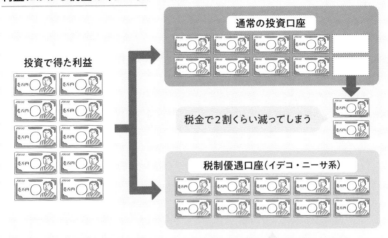

利益にかかる税金のイメージ

投資で得た利益 → 通常の投資口座

税金で2割くらい減ってしまう

税制優遇口座（イデコ・ニーサ系）

税金がかからないからその分お得

ふーん、そのイデコとつみたてニーサを使えばお得に投資ができるんじゃね。

そういうこと。ちなみにイデコでは、収入と自分の出したお金（投資額）によって、さらに税金が戻ってくるよ。所得控除っていうんだ。これはニーサにはなくって、イデコにだけ適用される。人によってはこれだけで一生を通して数百万円もお得になるよ。

はあ、ぶちお得じゃん！　ところで先生、なんでつみたてニーサとイデコって二つあるん？　一つにまとめりゃええじゃん。

うん、僕もそう思う。でも、これはそれぞれ管轄の省庁が違うからな

んだ。だから、所得控除のあり・なしとか細かい部分でちょっとずつ違ってる。でも、**大事なお金の増やしかたや、金融商品の選びかた、運用方法の考えかたは同じ**だから安心してね。

なんか面倒そうじゃ。うちの心が早くも折れそうじゃ。

大丈夫だよ。実際に多くの日本人の大人だって、いまの京子ちゃんと同じくらいの知識しかないんだ。

そうなん？　うち、大人ならみんなお金の増やしかた知っとるんかと思いよったわ。

それがね、日本では大人になるまでに、お金の増やしかたの勉強をしていないんだ。だからほとんどの大人が知らない。

確かにうちも学校でそんなこと教わらんわ……。でも、大人でも知らんことが、うちにわかるじゃろうか。

大丈夫。一つずつわかりやすく解説していくからね。一通り理解できれば、誰にでも合理的なお金の増やしかたがわかるよ。

でも先生、年金は将来、破たんするんじゃろ？　**イデコとつみたてニーサっていうんも、途中でダメになるんじゃないん？**うち、それが心配じゃ。

おっと、公的年金は仕送り形式だから破たんしないよ。受け取れる年金が減るだけ。それと、年金と「イデコ・つみたてニーサ」は

仕組みが全然違う。

イデコ・つみたてニーサは仕送り形式じゃないん？

うん、違う。イデコ・つみたてニーサは自分の未来のために自分が積み立てるもの。だから少子高齢化の影響で直接的に減ることはない。自分で積み立てるものだから、破たんもしない。

そうなんじゃ！　それ聞いて、ぶち安心したわ。

それじゃあ、話を続けよう。まず、**つみたてニーサとイデコは、それぞれ口座の名前**だと思ってくれたらいいよ。**つみたてニーサ口座とイデコ口座があるっていうイメージ**だね。

先生、口座ってなんなん？

口座っていうのは、自分専用のお金を増やすための金庫みたいなものだよ。

へー。つみたてニーサとイデコ用の金庫があるんじゃね。

まあ、イメージ的にね。詳しい制度の内容や始めかたについては、あとで詳しく解説しよう。でも、その前に京子ちゃんは聞きたいことがあるんじゃないかな？　顔にそう書いてあるよ。

そうなんよ！　結局、老後に向けたお金の準備が、そのつみたてニーサとイデコっていうヘンテコな名前のんで本当にできるんかど

うかが知りたいんよ！

オッケー！　じゃあ、まずはそこから順を追って説明していくね。

資産運用で5,500万円できるん？

先生、そのつみたてニーサとイデコでお金を増やしたら、本当に5,500万円とかのお金が用意できるん？

断言はできないけれど、僕は「できる」と考えているよ。ただ、誰にでもできるとは限らない。例えば京子ちゃんのように若い人ほどその可能性は高まる、と言える。なぜならお金を増やすのに重要なのは「時間」だからだよ。

時間がお金になるん？　そんなわけないと思うんじゃけど。

うん、時間はお金にはならない。でも、時間が「複利効果」を生むんだ。

ふくりこうか？　何それ？

複利効果とは、雪だるま式に増えることだよ。雪だるまを作る時って、小さな雪玉を転がして、雪をどんどんつけて大きくするよね？

理論上は時間があればあるほど、雪だるまがどんどん大きくなる。これが複利効果だよ。

 雪だるまの場合はそうかもしれんけど、お金の場合はどうなるん?

 お金の場合は、利子や配当、分配金などの利益をそのままもう一度投資する(再投資という。無分配型の投資信託は内部で再投資される)ということをすることによって、雪だるま式に増えていくんだ。

 へー、そうなんじゃ。ようわからんけど、お金って雪だるま式に増やすことができるんじゃ。面白いもんじゃねえ。

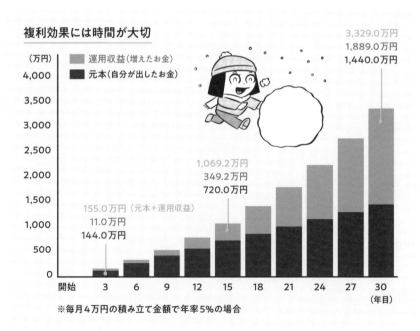

複利効果には時間が大切

(万円)
■ 運用収益(増えたお金)
■ 元本(自分が出したお金)

3,329.0万円
1,889.0万円
1,440.0万円

1,069.2万円
349.2万円
720.0万円

155.0万円(元本+運用収益)
11.0万円
144.0万円

開始 3 6 9 12 15 18 21 24 27 30(年目)

※毎月4万円の積み立て金額で年率5%の場合

※シミュレーション参考:金融庁サイト　資産運用シミュレーション

左の表は30年間でシミュレーションしたものだけど、これを40年まで延ばすとさらに複利効果のスゴさが実感できるよ。どのくらい増えるのかをわかりやすくするために、預貯金との比較もしてみようね。ここでは話を簡単にするために、京子ちゃんが働き始めてから定年を迎えるまでと仮定して、次の条件で考えよう。

- 積み立て投資をする金額は **毎月4万円**
- 平均リターンは **年5%** と仮定する
- 積み立てる期間は **40年間**（一例：25歳から65歳）
- 税金・各種手数料・価格変動は無視

ん？　積み立ててなんなん？

積み立てっていうのは、積み木を積んでいくみたいなもの。一般的には同じ金融商品を、同じ金額で、毎月少しずつ買い続けることを指すよ。毎月定期的に銀行にお金を預ける積み立て預金も、広い意味で積み立て投資の一種だね。

ふーん、ようわからんけど、つまり、毎月4万円を40年間積み立て投資っていうのをしたらどうなるかっていうことじゃね。

そう。まず、銀行に積み立て預金（金利0.01%）をした場合は、こうなる。

積み立てたお金の合計額 ・・・	1,920万円（自分が出したお金）
運用益 ・・・・・・・・・・・・・・・・・	3万円（増えたお金。1万円以下切り捨て）
合計 ・・・・・・・・・・・・・・・・・・・	1,923万円（自分が出したお金と増えたお金の合計）

 貯金じゃとあんまり増えとらんねえ……。

 うん。いまは**超低金利の時代**だからね。預貯金では増えないんだ。次に投資（年利5%と仮定）の場合は計算ではこうなる。

積み立てたお金の合計額 ・・・	1,920万円（自分が出したお金）
運用益 ・・・・・・・・・・・・・・・・・	4,184万円（増えたお金）
合計 ・・・・・・・・・・・・・・・・・・・	6,104万円（自分が出したお金と増えたお金の合計）

 はあー！ 目標の5,500万円をクリアしとるじゃん！ ぶちええじゃん！

 まあ、これはあくまでもシミュレーション（予測結果）にすぎない。実際は経済の状況次第だから、もう少し悪い成果かもしれないし、逆にもっと良い成果かもしれない。

 知っとるで。今回のコロナで経済が大変なことになったってテレビで言うとったもん。

 そうだね。また、**通常の税金がかかる口座でやったら、税金**

が836万円ほどかかる。今回の例では、6,104万円のお金が5,268万円に減ってしまうことになる。だから積み立て投資をするなら、税制面で優遇されているつみたてニーサとイデコを優先的に利用することが重要なんだ。

 ほうじゃねえ。同じお金を大きくするなら、お得な方がええもんね。

お金を増やすんは
若くないとだめかねえ

 ねえ先生、お金を大きくするんは、うちみたいな若い人じゃないとダメかねえ。うちのお父さんとお母さんは、はあ40代なんじゃけど、もう間に合わんかねえ。

 そんなことないよ。お金の増やしかたに気がついた時から始めればOKだよ。

 積み立て投資はいつ始めてもええん?

 うん。現役世代なら、積み立て投資は気がついた時が始め時だよ。

 ほうなん? でも時間が足らんのんじゃない?

大丈夫。進行する長寿化と高齢期の就労拡大に備えて、少しずつ世の中の働きかたと制度の仕組みも変化（法改正）していくんだ。

例えばどんなん？

いまより長く働けるようになったり、積み立て投資の期間が延びたりするよ。こんな感じ。

イデコ

- 国民年金被保険者であれば65歳まで引き続き積み立てることができるようになる（2022年5月から）
- お金を受け取れる時期が60歳から70歳までの間から、60歳から75歳までの間に延長される（2022年4月から）

つみたてニーサ

- 積み立てできる期間が2037年までから、5年延長されて2042年（その枠の非課税期間は最長2062年まで〈20年間〉）になる

ふーん、ようわからんけど、これからもっと長い間お金を大きくできるようになるってことじゃね。でも、

40代から始めてもほんまに大丈夫かねえ？

じゃあ、シミュレーションしてみよう。

夫婦共働きで毎月一人3万円ずつ（合計6万円）を40歳から65歳まで積み立て投資
（平均利回り5%　税・手数料・価格変動無視）

毎月の積立金	出したお金	増えたお金	合計
合計6万円	1,800万円	1,773万円	3,573万円

おおー、 2倍くらいに増えとるわ。

でも、5,500万円にはなっとらんよ。

うん、それは京子ちゃん世代の目標金額ね。いまの40代なら、老後に受け取れる公的年金が、まだある程度多いと想定されるから。それにつみたてニーサとイデコでは、積み立て投資が基本なんだけど、40代などですでにまとまった預貯金（余裕資金）があるようなら、税金がかかるけど普通の証券口座で並行してまとめて投資をしてもいいよ。

▶一括投資シミュレーション一例

100万円のお金を平均利回り5%でまとめて投資した場合（税・手数料・価格変動無視）

最初のお金	15年後	20年後	25年後
100万円	208万円	265万円	339万円

あっ！ 3倍に増えとる！　うーん。でもまとめてってぶち怖そうじゃ。

そうだね。実はまとめて投資は失敗しやすい。だから基本は積み立て投資。でもこれから解説することをしっかり学べば、まとめて

2

お金が増えていく理由をわかりやすく教えてえや

投資にも応用できる。しっかり学んで、おうちの人に教えてあげてね。**40代でも遅くないから！**

わかった！　うちがばっちり勉強してお父さんとお母さんに教えちゃるわ！

うん、頑張って！

でも、その積み立て投資っていうのはどうやるん？

さっきも言ったけど、積み立て投資っていうのは、自分が決めた金融商品を毎月同じ日に、同じ金額でずっと買い続けることをいうんだ。これは**最初に手続きをしたらあとは何もしなくてもOKってこと。**

ぶち簡単そうじゃあ。でも、そんな簡単でええん？

僕はこの**積み立て投資が普通の人にとっては、世界で一番優れた投資方法**だと思うよ。ちなみに**つみたてニーサとイデコでも、もちろんこの積み立て投資を採用**しているよ。

ほうなん？　なんかもっとすごい方法がありそうじゃけどねえ。

うん。僕もいろんな投資方法を勉強して試してみたけど、結局この積み立て投資が合理的かつ楽なんだ。もしタイムマシンがあって、二十歳の僕に会えるなら、「君には他の投資方法は向いていないから、ずっと積み立て投資だけをした方がいいよ。その方が、君が

苦労していろんな方法で頑張るより、ずっと楽にお金が大きくなるからね」って教えてあげたいね。

つまり、投資をするなら積み立て投資がええっていうことなんじゃね。でも、それってなんでなん？　なんかモヤモヤするわ。

モヤモヤ？

そう。コツコツ投資するより、ええ時に一気にお金をドカンとつぎ込んだ方が儲かるんじゃないん？

おお、いい質問だね。僕が積み立て投資を勧めるのは、**人が非合理的、つまりヘンテコな生き物だから**なんだ。詳しくはまたあとで解説するよ。きっと京子ちゃんはびっくりすると思うよ！

リターンとリスクってなんなん？

ねえ、先生、さっきのシミュレーションで出てきたリターンいう言葉、あれなんなん？

またまたいい質問だね。リターンっていうのは**見返り**のことだよ。

見返り？

例えば京子ちゃんが勉強を頑張ったら、見返りとして賢くなってよい点数が取れる。これがリターン。合理的な資産運用の場合は、**リスクを背負うことによってリターン（見返り）が得られる**と考えられるんだ。

えー、リスクって「危ない」いう意味と違うん？　うち危ないんはイヤじゃわ。

リスクっていうのは「危険」とも訳されるけど、資産運用では金融商品の値動きの振れ幅のことを指すことが多い。つまり、リスクが高いとは、**値動きの幅**が大きいってこと。ある期間で見ると、大きく値下がり・値上がりをしたりする可能性がある、ということだよ。

ふーん。危ない、いうことじゃないんじゃね。よかった！　ほいじゃあ、リスクが小さいっていうことは、損したり得したりする幅が小さいっていうことなん？

まさにその通り。それともう一つ重要なこと。投資の世界では、**リスクとリターンはおおむね比例する**だろう、って言われているんだ。

そうなんじゃあ。じゃあ、リスクが小さいのに大きく儲かるものはないってことなん？

そう。もし京子ちゃんが**ローリスク・ハイリターン**の金融商品を見つけたら、それは「**サギ**」じゃないかと疑ってみてね。それか気がついていないだけで、大きなリスクが隠れているのかもしれない。

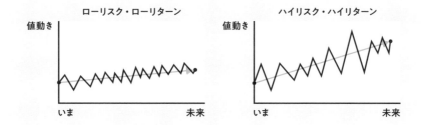

リスクとリターンのイメージ（おおむね比例すると考えられる）

→ ：**期待リターン**　予想される値動きの振れ幅の平均値

〜 ：**リスク**　値動きの振れ幅

ローリスク・ローリターン

値動き

いま　　　　　未来

ハイリスク・ハイリターン

値動き

いま　　　　　未来

ようわかったわ。ねえ先生、そのリターン（見返り）やリスク（振れ幅）は、どのくらいなん？　どっかに書いてあるん？

いや、実は多くの場合、金融商品のリターンとリスクは、事前にきっちりと何%というのがわからないことが普通なんだ。つみたてニーサとイデコで投資をする場合でも、何%になるかは明確にわからないんだよ。

え？　なんでわからんのん？　困るじゃん。

それは金融商品の値動きは未来の出来事に左右されてしまうからなんだ。景気が良い・悪いといった経済・市場の状況次第、ということだよ。ちなみに市場とは、株式や債券などを売買する場所のことで、世界中にあるんだ。

お金が増えていく理由をわかりやすく教えてえや

2

えー、そうなんじゃ。じゃあ、そんなの怖くてうち、ようせんわ。

 そうだね。それは世界中の投資家の人もみんな怖いと思う。それがリスクだよ。そうなるとどうなると思う？

 うちなら、そんなリスクの高いもんはいらんわ。商品がぶち安うなっとるんやったら別やけど。

 すごいぞ京子ちゃん！　実は世界中の投資家たちもそう考えてる。つまり、リスクの高い金融商品に対しては、値段がある程度安くないと誰も買わないんだ。だから、リスクの高い商品を買えば、将来には大きなリターンがついてくる。

みんなリスクがイヤだから、リスクにはリターンがついてくる

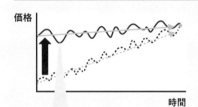

安全だからみんなが高値で買っちゃう。
だからローリターンになる

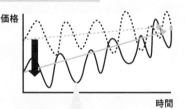

リスクが大きいから安くないと買わない。
だからハイリターンになる

 そして世界中の賢い投資家たちは、株式投資についてはだいたい「長期金利＋５〜６％程度」のリターンを要求しているんじゃないかって言われているんだ。簡単に言うと「せっかくリスクを背負うのだから損をしない銀行預金の金利＋５〜６％くらいは欲しいよ

ね」っていう考えかただね。

 うーん、ようわからんわ。それってつまり、さっき言っとったように、よう値動きがブレるものは、よう儲かるってこと?

 大正解! それが**ハイリスク・ハイリターンっていうこと。そしてその代表格が株式投資**っていうものなんだ。つみたてニーサとイデコでもこの株式というのがすごく大事なんだ。それでね、預貯金みたいな安全なものや、債券と呼ばれるリスクが低いものは、みんなが安心して高い値段で売買するから、リターンがそれほどついてこないんだ。

 ああ、それがつまりあれじゃね? あまり値動きがブレんのんはあまり儲からんってことなん?

 そう! それがローリスク・ローリターンってこと。

 はあ、単純じゃねえ。ところで**株式とか債券ってなんなん?**

 株式っていうのは、企業が発行しているチケットみたいなもの。

 なんのためにそんなもん作るん?

 企業は株式を発行することで、広く世界中の人からお金を集めたいからだよ。その集めたお金で大きなお仕事をするんだ。でも企業のお仕事がうまくいくかどうかは確実なことじゃない。だから株式はハ

イリスク・ハイリターンなんだ。そして、投資家はこれを「安く買って（買った時より）高く売る」ことで最終的に利益を得るんだよ。積み立て投資の場合は、平均購入単価より高く売ることで利益を得るんだ。

安く買って高く売ると、差額が利益になる

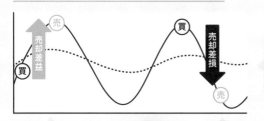

積み立て投資の場合は
最終的な平均購入価格より
高く売れば得をし、
安く売れば損をする

○売却差益
安く買って高く売る
→得する

×売却差損
高く買って安く売る
→損する

ほうなんじゃ。株式はハイリスク・ハイリターンなんじゃね。それじゃあ債券っていうのはなんなん？

債券っていうのは、国や会社の借金のチケットみたいなもの。こっちは一般的にローリスク・ローリターンだといえる。ただ僕は債券よりも、本当に重要なのは、ハイリスク・ハイリターンである株式投資だと思う。

ほうかねえ？　うち、なんとなくじゃけど、リスクが低い方が安心する気がするんじゃけど。

そうだろうね。多くの人もそう思っている。だからなかなかうまくお金を増やせない。

どういうことなん?

おいおい説明するけど、簡単に言うと「長期間資産形成をするのなら、増えにくい預貯金や債券よりも、将来的に大きく増える可能性のある株式が重要である」っていうことだよ。

そうなんじゃ。うち、ちょっと整理するわ。こういうことじゃね。

- リスクとは値動きの幅のこと
- リターンとは見返りのこと
- リスクとリターンは
  おおむね比例すると考えられる

- 株式はハイリスク・ハイリターン
- 預貯金は安全
- 債券はローリスク・ローリターン

そうそう。そして一般的に未来のリターンというのは、期待リターンと呼ばれるよ。文字通り、期待されるリターンというものだよ。まあ、未来のことだからあまりあてにならないけどね。

ええっ、そうなん? その未来の期待リターンってあんまりあてにならんのん?

ならない。だって、そもそも未来のことだからフワフワしている。それに、景気がいい時期と悪い時期にまとめてお金を投資した人がそれぞれいたとする。そうすると同じ期待リターンのものを買っ

ても、実際のリターンは全然違うよね。でもリスク（値動きの幅）に関しては、統計的なものだから、まあまあ、あてになるって言われているよ。

ぶちわかる。近所のスーパーで同じお弁当を買っても、朝と閉店間際じゃ値段が違うけえ、お得さが違うもんね。そういうことじゃろ？

……う、うん、まあそんな感じ、かな……？

つみたてニーサとイデコ以外も
やるべきじゃろか？

ねえ先生。つみたてニーサとイデコ以外の口座っていうのもあるん？　そこでもお金を大きくできるん？

うん。できるよ。いわゆる普通の銀行や郵便局、そして証券会社というところで普通に税金がかかる口座で資産形成ができるよ。

ほうなんじゃ。それじゃ、うちがつみたてニーサとイデコの考えかたをマスターしたら、普通の口座での投資もうまくいくかねえ？

まあ、うまくいくかどうかはその時々の経済状況次第だけど、運用方法や銘柄の選別方法、そして長期分散積み立て投資の考え方は、つみたてニーサとイデコをマスターしていれば大丈夫。

そうなん？　先生はなんでそう思うん？

それはね、本当はお金の増やしかたってとっても単純なものだから。基本がわかっていればそれで大丈夫。よく誤解されるけど、個人の頑張りは長期分散積み立て投資の前では無関係。つまり、初心者でも経済に詳しい大学教授とかの専門家でも、投資対象が同じなら同じ運用成績になる。そしてそのうえで、運用成果のおよそ8割は、「何を選んで・どう組み合わせたか」によって決まるんだ。

なんでなん？　うまい・下手とか関係あるんじゃないん？　例えば小学生のうちが、上手な専門家の人に任せたら、特別に儲かるんと違うん？

アッハハハ！　そんなことあり得ないよ！

なんでえ？　そのためにプロがおるんと違うん？

いいかい？　次の二つを覚えておいて。

1. 金融商品の値動きはでたらめ。
   値動きがわかる専門家は地球上に存在しない

2. 専門家に任せても株価などの値動きはまったく無関係。
   だから任せると手数料分、損をする

えー、うそじゃろ！

 本当だよ。専門家がどんなに知恵を絞って頑張っても世界の株価を操作することはできない。だからね、**自分のお金の運用はプロにお金を払って任せるより、自分でやるのが一番いいんだ**。ちゃんと理解すれば誰でもできるからね。

イデコを詳しく教えてえや

 それじゃあ、最初にイデコっていう税制面で優遇されている口座の説明をするよ。その次につみたてニーサの説明をするね。この順番の方が京子ちゃんがわかりやすいと思うから。
（制度については執筆時点の内容です。今後変更になる可能性があります）

 はーい。お願いしまーす。

 イデコっていう呼び名は、**個人型確定拠出年金の愛称**だよ。

 なんそれ？　うち、難しい漢字はようわからんで。

 ごめんごめん。かみ砕いて言うね。イデコは、**個人が老後のために資産形成をする口座**だよ。なぜ個人が自分で老後に備えて資産形成をしないといけないかというのは、もう知ってるよね。

えっと、うちらが老人になるころには、年金だけで生活をすることができん可能性があるけえ、資産運用をせんといけんのんじゃったっけ。

そう。そしてイデコはそのための制度。このイデコ口座には、原則として20歳から60歳までのおよそすべての人が加入できる。月5,000円の掛け金から積み立てできるんだけど、積み立て投資できるお金の上限は、その人の働きかたによって異なっているよ。そして、途中で掛け金を増やしたり減らしたりもできる。これについては、あとでもう少し詳しく説明するね。

ふんふん。先生、口座はお金を大きくするための金庫じゃったね。

その通り。京子ちゃんは大人になったら、自分でイデコ口座を開いて、自分で掛け金を決めて、自分で運用商品を選んで、毎月積み立て投資ができる。もちろんしないこともできる。するか・しないかは自分で決めないといけないんだ。

そうなんじゃ。全部自分でせんといけんのんじゃねえ。ぶち大変そうじゃ。

そうでもないよ。最初に手続きをすれば、あとはとっても簡単。

ほんまかねぇ。ねえ先生、イデコの特徴ってそれだけなん？

ううん。次の3つの特徴もあるよ。

イデコの特徴

① 所得控除がある

② 運用益が非課税で再投資される

③ 受け取り時にも税制面で優遇されている

 これらの特徴があるからこそ、イデコ口座で投資をするのはとても有利なんだ。ちなみに、これから説明するつみたてニーサの口座で投資をするよりも税制面ではイデコの方が優遇されている。特に①の所得控除っていうのが金額面でのお得さが人によっては大きい。でもどっちもすごく大事だからね。僕は両方やるのがいいと思っているよ。

 へー、イデコもつみたてニーサも両方できるんじゃ。

 うん。だから積み立て投資をする時は、まずイデコを優先して、資金に余裕があれば、つみたてニーサを利用するのがいいと思う。そして、それでもまだ毎月積み立てられるだけのお金があったら、通常の証券会社などの税金がかかる口座で行う、という順番にするのが合理的だと考えているよ。つみたてニーサについてはあとでまた説明するね。

 はーい！

優先順位は、イデコ＞つみたてニーサ

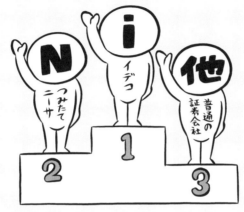

通常、税金は利益に対して20.315％かかるが、
イデコとつみたてニーサでは非課税になる。
イデコにはさらに所得控除もあるよ！

イデコの注意点ってあるん？

まあこのように、イデコはどこの口座よりもお得な資産形成の口座
ということだよ。

ふーん。でも先生、そのイデコ口座に弱点ってないん？　なんかう
まい話ばかりじゃけえ、ちょっと怪しいで。

その質問とってもいいよ。どんどん疑ってね。弱点というか、以下のように、考えようによっては「イヤだ」と思われる特徴もあるよ。

• 投資信託（後述）というものを運用商品に選ぶと、損をすることがある
• 原則として積み立てているお金は60歳以降にならないと引き出せない

いけーん！　やっぱりだめじゃあ！　損をすることがあったら困るけえ！

うん。損することがある。これは間違いない。でもリスクとリターンの関係を思い出して。リスクがあるからリターンがついてくると考えられたよね。

うう……そうじゃけど、損をするかもしれんのんはイヤじゃ。先生、損をせんのんはないん？

イデコの中に、原則として損しないのはあるよ。いわゆる元本保証の預貯金タイプというもの。

それそれ、それでええよ、うちは。損するのが怖いし、イヤじゃけえね。

でも、そうするとただの貯金と同じでローリスク・ローリターンなのでお金はほとんど増えない。思い出して。そうすると、老後の京

子ちゃん自身が困るんじゃなかった？

 う、ほんまじゃ。どうしたらええんじゃろうか。

 うん、それは資産形成を考えるうえで多くの大人が迷い、**間違い を選択してしまう重要なポイント**だよ。わかりやすく説明して いくから、これからじっくり考えようね。

 はーい。あ、そうそう。イデコが60歳までお金を引き出せんのも イヤじゃ。だって途中でお金が必要になったらどうするん？　困るわ。

 だからそうならないように、同時に**積み立て預貯金**も少しずつ やっていくことが重要だよ。でも、**60歳まで引き出せないのは 逆に強み**だと思わない？

 えー？　なんでなん？

 だって、60歳まで雪だるま式にお金を大きくすることができるんだ よ。お金も大きくなるし、ムダ遣いもできない。これってお得。だ からイデコは、まさに老後の資産形成に向いているよ。

 まだ、うちにとっては先のことじゃけど、ムダ遣いをせんで計画的 にお金を増やすんは大事なことじゃいうんは小学生でもわかるわ。 いっちょ頑張ってみるかねえ！

> 投資ってギャンブルじゃないん？

 あのね、先生いまさらじゃけど、**投資って結局なんなん？**　うち、実はようわかっとらんのんよ。

 安心して、大人でもそういう人がたくさんいるから。僕の考える投資というのは、いろいろ定義があるけれど、京子ちゃんに当てはめると、次のポイントを押さえてあることだよ。

- 65歳や70歳など、**自分が働けなくなるまで行う積み立て投資**
- 投資対象は世界の株式主体のインデックス型投資信託
- 頻繁な売買・チャート分析・ファンダメンタル分析はしない

 ごめん、先生、何言うとるんか、うちようわからんわ……。うちの投資のイメージって、前にテレビで見たことあるやつなんよ。えっとね、大人がパソコンの前に座って、何個も画面見ながらカチカチやっとったよ。あれは投資と違うん？

 それは**投機**だね。

 トーキ？

そう、**投資と投機は大きく性質が異なる**ものだ。大人でもこの違いについてよくわかってない人が多いよ。簡単に説明しておこうね。

 お願いしまーす！

 まず投資というのは、株式などの生産に参加している裏付けのある資産に、長い時間お金を働かせに行くこと。お金って長期でないと成長できないんだ。

 ふんふん、長い時間お金に働いてもらって、お金さんに大きくなってもらうんが投資なんじゃね。

 そして投資では、長い目で見るとリスクを背負った人、つまり同じものに同じタイミングで投資をした人のお金は、みんな同じように大きくなっていくんだ。難しく言うと、リスクによってリターンが補償される世界。このようにして、みんなで出したお金が大きくなっていくのが投資。別の言い方をすると、プラスサムゲームっていうよ。

 ## ようわからん！　どういうこと？

 サムは合計のこと。それはつまり、全体のお金が大きくなっていく可能性があるっていうことだよ。これが投資。ギャンブルとは違う。イデコもつみたてニーサも基本的にこのスタイル。そうじゃないと困るよね。

2

お金が増えていく理由をわかりやすく教えてえや

投資ではリスクを負うことでリターンが補償されると考えられている

誰もが嫌がるリスクを
背負うから
リターンがついてくる

数十年などの長期で見て、
市場全体のお金が大きくなっていく
可能性があるのが投資
（プラスサムゲーム）

金額

時間

 ふーん。じゃあ、投機ってなんなん？

 投機っていうのは、リスクを背負ったのに結果がでたらめになってしまうことだよ。例えば京子ちゃんがある株式を一日のうちに頻繁に売買したとするよ。

 ああ、パソコンの前に座ってカチカチするやつのことじゃね。それで？

 そうすると、一日の間で京子ちゃんのお金は増えたり減ったりする。でも、それはあまりにも短期間だから、世界全体のお金が増えていないんだ。これをゼロサムゲームっていうよ。

 ふーん、全体のお金が成長しとらんのじゃね。

うん。おまけに**勝負の結果はでたらめ**なんだ。はっきり言うけど、**絶対に勝てる法則とかはない。**乱暴に言うと、こっちはギャンブルになりやすい。

年金はきちんと運用されている

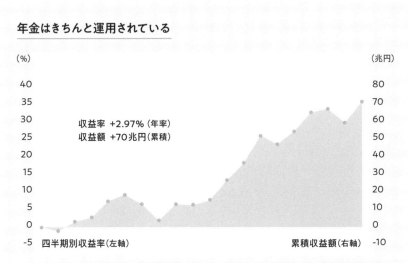

収益率 +2.97%（年率）
収益額 +70兆円（累積）

四半期別収益率（左軸）　　　　　累積収益額（右軸）

'01 '02 '03 '04 '05 '06 '07 '08 '09 '10 '11 '12 '13 '14 '15 '16 '17 '18 '19 '20（年度）

GPIF 平成 29 年度業務概況書より作図

上の図をよく見てね。これは僕たちの年金を運用している年金機構の運用成果。増えたり減ったりしながらも、長期投資ではリスクを背負うことで全体が増えてきた。ただ年金機構ではざっくり株式半分、債券半分の組み合わせ。ローリスク・ローリターンの債券の割合が多い。だからちょっとリターンが低めだった。

ほんまじゃ、増えとるわ。これって、うちがやってもこうなったってことじゃね。

そう。でも、投機の場合は、同じようにリスクを背負っても、勝つ人と負ける人がでちゃうんだ。

 ほうかあ。サムが合計じゃったけえ、ゼロサムゲーム（投機）は誰かが得した分、誰かが損しとるだけで、全体が成長しとらんってことじゃね。確かに短期間じゃあうちの身長も伸びんわ。お金を増やすには時間が必要なんじゃね。それに結果がでたらめなんも、ぶち怖いわ。

 うん。ここではわかりやすくするために、**投資は長期分散積み立て投資**。そして**投機は短期間で結果がでたらめ**というふうにまとめておこう。ここ、超大事だから覚えておいてね。

 つみたてニーサを詳しく教えてえや

 イデコの次はつみたてニーサについて説明するよ。

 それそれ、さっきから気になっとったんよ。

 つみたてニーサっていうのは、イデコとよく似ているけど、次のような特徴があるよ。

つみたてニーサの特徴

❶ 毎年40万円まで積み立て投資ができる

❷ 運用益の非課税期間は最長20年間

❸ 毎月100円からできる

❹ 途中で金額も変更可能で、いつでも解約できる

❺ 60歳以降も加入できる

❻ 所得控除はなし

つみたてニーサも、京子ちゃんが大人になったら始めることができるよ。毎年40万円まで投資することができるんだ。非課税期間は20年間。仮に20歳から始めたとしたら40歳までが非課税。50歳から始めたら70歳までが非課税枠になる。

そうなんじゃ。毎月100円からできるんは、やりやすそうじゃ。それに非課税で積み立て投資をするっていうのは、イデコとよう似とるね。

その通り。途中で掛け金を減らしたり増やしたりできる点も、イデコとよく似ている。でもイデコと違って、いつでも解約できる。

解約って、お金を引き出せるってこと？

そういうこと。

 ほうなんじゃあ。それを聞いたらもっと安心したで。

▶つみたてニーサとイデコの特徴

	つみたてニーサ	イデコ (個人型確定拠出年金)
利用できる人	日本に住む20歳以上の人 (今後成人年齢の引き下げに伴い、 18歳からに変更の見込み)	原則20歳以上60歳未満 (今後条件を満たせば 65歳まで可能の見込み)
税制	所得控除の適用なし	全額所得控除
運用中の 非課税期間	20年間	70歳まで (今後75歳まで延長の見込み)
非課税投資枠 (年間)	40万円	14.4万円~81.6万円 (会社員・自営業者などの 業態による)
非課税累計 投資額	800万円	上限なし
投資対象商品	金融庁指定の 投資信託・ETF	定期預金・保険・投資信託
新規に 投資できる期間	2018年~2037年 (今後2042年まで 延長される見込み)	原則60歳まで (今後条件を満たせば 65歳まで可能の見込み)
資産の引き出し	いつでも	原則60歳まで 引き出せない
併用について	イデコと併用可能 (ニーサとは不可)	ニーサか、つみたてニーサの いずれかと併用可能

本書制作時の内容

一般ニーサと何が違うん？

 つみたてニーサのこと、わかった？

 うん、わかった！　ほいでも先生、うち新しい疑問が浮かんだんよ。

 どんなの？

 なんでつみたてニーサっていうん？　まるで積み立てだけじゃないニーサもあるみたいな言い方じゃあ。

 おっ、その気づき、まるでヤリだね！　あっ、鋭いってことね。

 寒っぶ！

 し、失礼。京子ちゃんの気づきの通り、つみたてニーサ以外に、一般ニーサっていうのもある。単にニーサとも呼ばれる。

 つみたてニーサと何が違うん？

 まず投資できる金額と非課税の年数が違うよ。つみたてニーサは年間40万円まで20年間非課税だった。一方、一般ニーサは年間120万円までで5年間非課税なんだ。

	つみたてニーサ	一般ニーサ
利用できる人	日本に住む20歳以上の人 （今後成人年齢の引き下げに伴い、18歳からに変更の見込み）	
税制	所得控除の適用なし	
運用中の非課税期間	20年間	5年間
非課税投資枠 （年間）	40万円	120万円
非課税累計投資枠	800万円	600万円
投資対象商品	金融庁指定の 投資信託・ETF	上場株式(ETF/REIT含む) 投資信託
新規に 投資できる期間	2018年～2037年 （今後2042年まで 延長される見込み）	2014年～2023年 （2024年から 新ニーサになる見込み）
資産の引き出し	いつでも	
併用について	イデコとは併用可能 （ニーサとは不可）	イデコとは併用可能 （つみたてニーサとは不可）

本書制作時の内容

つみたてニーサと一般ニーサ、両方やったらお得そうじゃね！

うーん、残念。**つみたてニーサと一般ニーサは、どっちかしか選べない**んだ。ちなみにイデコとどちらかのニーサは併用できる。

ほうなんじゃ。ねえ、先生、うちはつみたてニーサとその一般ニー

サっていうん、どっちをすりゃあええんじゃろうか。

 一概には言えないけど、京子ちゃんには、つみたてニーサがいいと思うよ。

 なんでそう思うん?

 それはね、京子ちゃんが大人になって働き始めたら、毎年120万円もの大金を投資に回すのは大変だと思うからさ。

 あー、ほうかあ、それもそうじゃねえ。欲しいものがあった時にニーサのせいで買えんのんは不便やもんねえ。

 もちろん資金に余裕のある人は一般ニーサでもいい。一般ニーサの場合でも、これから解説する知識がそのまま生かせるからね。

 積み立て投資って儲かるん?

 どうだい! これがつみたてニーサとイデコのざっくりとした説明だよ! とってもすごいだろう?

 ……先生、ごめんけどうちには、いまの説明じゃあ、ちっともすごさがわからんわ。

そ、そうか。じゃあ実際にシミュレーションしてみよう。そうすればきっとすごさがわかるよ。例えば次の条件で、もしも40年間非課税だったらどうなるか？　を見てみよう。

- 平均リターンは年率5％とする
- 投資対象は世界の株式主体のインデックス型投資信託とする
  （ハイリスク・ハイリターンと考えられるもの）
- 毎月4万円を積み立て投資する
- 40年間積み立てる

さっきも似たような例を出したけど、覚えているかな？　京子ちゃんはこれだと、いくらになると思う？

どうなったんじゃったっけ……うーん、ちょっと電卓貸してや。毎月4万円出すってことは、1年間で48万円じゃろう？　40年とすると48かける40で……えっと、1,920万円になると思う！

おっと、それだとただ積み立てただけだね。さっきの複利効果……雪だるまの話を思い出してみて。リターンが年率5％で雪だるま式にお金が増えていくよ。

ああ、そうじゃった。ええっと、その平均リターンっていうんが5％なら40年後にいくらになるんじゃったっけ？

表にしてみるとこんな感じ。

▶運用シミュレーション例

	40年間で出した お金の総額	想定年率利回り	最終的に手元に 残る金額
銀行に毎月4万円 積み立てた場合	1,920万円	0.01%	1,923万円
積み立て投資を 毎月4万円した場合	1,920万円	5%	6,104万円

 計算上は6,104万円になる。

 はあー！　ぶちすご！　**貯金の3倍じゃん！**　ハイリスク・ハイリターンって、ぶちええじゃん！

 そうだね。ちなみに普通に税金がかかる口座で行うと、850万円くらいの税金が引かれてしまうよ。

 そうなんじゃ！　じゃあ、つみたてニーサとイデコ口座の非課税でやった方が断然お得じゃねえ！

 そういうこと。ちなみにイデコ口座ではさらに所得控除というのができるから、人によってはさらに数百万円もお得になることがあるよ（本人の掛け金と所得により効果が異なる）。

 そうなんじゃ！　詳しいことはようわからんけど、つみたてニーサとイデコ、ぶちええじゃん！

先生、うち、考えたんじゃけど、つみたてニーサとイデコで毎月ちまちま積み立てていくより、株の値段が安い時にどかんと買って、高い時にどかんと売ればすぐにお金持ちになるんと違う？

 もちろん、それができれば苦労はしないよ。でも株価っていうのはでたらめな動きをする。そのことをランダムウォークっていうんだけど、その動きを見定めて、安い時に買って、高い時に売るなんて芸当はほぼ不可能なんだ。

 ランランウォーク？

 ランランウォークじゃなくて、ランダムウォークね。意味は酔っ払いがふらふら歩いているみたいに値動きに法則性がない、でたらめっていうこと。

 株ってでたらめなもんなんじゃね。

 それにはいくつか理由が考えられる。まず一つ目は、未来のことは誰にもわからないという基本的なことがある。株式の値段の株価っていうのは基本的に企業の未来の成績やニュースによって上がったり下がったりするんだ。

株価がランダムウォークなワケ

- 未来の景気・業績が良く（悪く）なりそうなら、いまの株価が上がる（下がる）
- 未来に良い・悪いニュースが発生する確率は常に五分五分

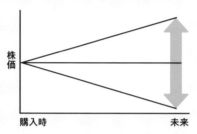
良いニュース→株価は上がる
悪いニュース→株価は下がる

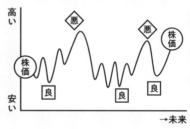
未来の良い・悪いニュースは
ランダムに発生するから株価も
それに応じてでたらめな値動きになる

そうなんじゃ。株価は企業の成績表なんじゃ。

うまい表現だね、京子ちゃん。だから世界中の株式に分散投資をするということは、世界の景気と運用成績が連動するということになるね。

はあーなるほど、確かにそうじゃね。

そうなると、投資タイミングを読むには、未来の景気を読まないといけない。でも、誰の家にも未来のニュースが映るテレビがない。おまけに未来の出来事に法則はない。だから未来の景気も株価も誰にもわからない。だから投資のタイミングは読めないことになる。

うーん、でも占い師や超能力者なら当てられるんじゃないん？　それか、すごいロボットのAIとか、ノーベル賞の天才とか！

 それも無理。だって、投資のタイミングをバシバシ当てられる占い師やAI、天才が仮にいたとすると、みんながそのマネをするよね。賢い金融機関やプロなら絶対にそうする。でも、そうするとこれから値上がりする株式はその前に上がってしまって、追加的な利益が出てこなくなってしまうよね。

 それに、今度は必ず裏の裏を読もうとする人が出てくる。こんなふうに、みんなが真面目に分析をしたり、先を読んで売買したりすることで、株価はでたらめに動き出してしまう。だからこそ、**金融商品の値動きはどこまで行ってもでたらめ**なんだ。

 ふーん、みんなが頑張るからでたらめになるのって、なんだか不思議じゃ。じゃあ、もしも占い師が未来を本当に予言できても、それをみんなが知ってしまうとやっぱり投資タイミングが読めなくなるんじゃね。でも世の中には投資のタイミングを読んでお金持ちになれた人もいるんじゃろ？

 うん。いるにはいる。でもそれはあくまでも投機的な予想が偶然当たっただけだと僕は思う。ランダムウォークの世界では理論上、投機で当たる・外れる確率はいつも五分五分なんだ。

 それって……**ギャンブルやね！**

 そう、何万人もが同じギャンブルをしたら、必ず一定数は自分の予

想が連続して当たって、超大金持ちになれる。でもこれって誰にでも訪れる幸運じゃない。

勝利の法則を教えてえや

京子ちゃん、株の値動きはでたらめだから、**積み立て投資に徹した方が運用成績は良くなる**と僕は考えているよ。しかもそれは一部のラッキーな人だけに起こることではない。同じ時代に、同じ対象に、長期分散積み立て投資をした人に同じように起こると考えられる。

うち、先生の言いたいこと、なんとなくわかってきたけえ。でも、本当は世界のどこかに秘密の方法があって、それを知れば一気に大金持ちになれる方法がある気がやっぱりするんよ。

その考え方、よくわかるよ。そして、そんなふうに考える大人はやっぱり世界にたくさんいる。そしてそういった人たちはチャート分析（テクニカル分析）というのに取り組んでいるよ。

なんなん？　そのチャート分析って。名前がぶちかっこええわ！

チャート分析っていうのはね、過去の値動きなどを分析することで、株式などの値動きのクセを見抜いて、未来の株価を予想する必殺

技みたいなものだよ。

それそれー！　先生、うちそれが知りたい！　それですぐにお金持になりたいんよ！

……本当に京子ちゃんは投機的な考え方をするねえ。でも残念だけど、スーパーコンピューターが発達した現代では、検証の結果、**たぶんチャート分析などで信じられていた法則性はない**とされているんだ。経済学の世界ではこの考えかたが主流だよ。

はあー、ウソじゃろ？　じゃあなんでいまでも大人たちは、チャート分析とか法則性を信じとるん？

それは簡単に言うと**勘違い**のせいだと僕は思う。人間の頭の中には、自分の都合のいい事実だけを集めて、本当のことのように思い込んでしまうというクセがあるんだ。難しい言葉では、**錯誤相関**や**後知恵バイアス**などと呼ばれるよ。

はあ、驚いたわあ。大人でもそんな間違いをすることがあるんじゃねえ。

いや、これは大人だからこそ、かもね。でも結果はあくまでもでたらめなんだ。**何回かうまくいったからといって、法則のように信じるのはまさに勘違い**だから、気を付けてね。

ほうなんじゃ。うち世の中には絶対、うまくいく秘密の必殺技があるんか思うとったわ。そんなうまい話はないんじゃねえ。

積み立ての限度額っていくらなん？

2

じゃあやっぱりうちも、つみたてニーサとイデコの口座で積み立て投資だけをすることにするわ。でも先生、さっきイデコの弱点は聞いたけど、つみたてニーサには弱点はないん？

弱点というか、毎年積み立てられるお金が40万円までという限度額があることが一つ挙げられるね。これは毎月の積み立て投資の金額にすると、ひと月当たりおよそ33,000円になる。

33,000円ってぶち多いじゃん！

確かに多い。でも京子ちゃんが大人になって働き始めたら、毎月33,000円以上の余裕資金が生まれる可能性がある。そんな時にはどうしたらいいと思う？

うーん……わかった！　イデコと併用して積み立て投資をする！

そうだね。僕もつみたてニーサとイデコの二刀流で資産形成をするのがいいと思うよ。そして、その際の優先順位、覚えてる？

えーとね、細かいことはようわからんけど、なんか税金がお得じゃけえ、①イデコ　②つみたてニーサの順番じゃったっけ？

そう。どちらも税制面で優遇されているけれども、イデコの方が所得控除というのがあるので、現役で働いている人はまず**イデコを優先**するといいと思う。で、毎月の余裕資金がたくさんあれば、つみたてニーサとの二刀流で行う。

 ねえ、先生、イデコの上限額はいくらなん?

 さっき少し触れたけど、イデコで毎月積み立て投資ができる上限額は、**その人の働きかたなどで異なっている**んだ。一例を挙げるとこんな感じ。

- 自営業者
  月額68,000円(年816,000円)
- 会社員・公務員
  月額12,000円〜23,000円
  (年144,000円から年276,000円・企業型確定拠出年金の有無により異なる)
- 専業主婦・主夫
  月額23,000円(年276,000円)

 え、どういうこと?

 わかりやすく図にしてみると、こんな感じ。

イデコの拠出限度額について

自営業者
月額**6.8**万円
（年額81.6万円）

会社員・
公務員など

会社に
企業年金がない会社員 → 月額**2.3**万円
（年額27.6万円）

企業型確定拠出年金に
加入している会社員 → 月額**2.0**万円
（年額24.0万円）

確定給付年金のみに
加入している会社員

確定給付年金と
企業型確定拠出年金に
加入している会社員 → 月額**1.2**万円
（年額14.4万円）

公務員など →

専業主婦(夫) → 月額**2.3**万円
（年額27.6万円）

※金融庁 iDeCoホームページより作図

 働きかたで毎月投資できるお金の大きさが違うん？　自営業の人だけやたら多いし、なんかずるいじゃん！

 これは年金や税金との兼ね合いで、できるだけ公正になるようにし

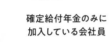
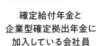
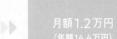

ているからだと僕は考えているよ。自営業者の人は、会社員の人と
比べて年金がとっても少ないからね。

そうなん？　みんな同じじゃないん？

違う。自営業者の人は、現時点で公的年金を一人平均5万円くらい
しか受け取れていないんだ。夫婦二人だと10万円しかない。これ
では仮に毎月26万円で生活をしたとすると、16万円が不足してし
まう。

毎月16万円も足りんようになるん？

一例だけどね。京子ちゃん、公的年金だけでお金が毎月16万円足
らない場合、65歳から100歳まで生きたとすると、35年間で、公
的年金以外でいくらお金が必要か、計算できる？

電卓貸してや。えっとね。毎月16万円足らんけえ、1年間じゃと、
16万円×12か月……じゃけえ、1年間で192万円足らんねえ。そ
れが35年間じゃけえ……6,720万円足らんわ！

そう。だから自営業の人の投資限度額は多くなっているんだ。

うわあ、自営業の人は大変なんじゃね。働きかたによって毎月の
投資できるお金の大きさが違うんも、納得じゃあ。

お金、何年でどんだけ増えるん？

京子ちゃん、税制面で見た場合の口座の優先順位を覚えている？

えっとね、①イデコ②つみたてニーサ③普通の課税口座じゃった。

正解！　では質問だよ。毎月いくらのお金を積み立てに回したらいいと思う？

えー？　1,000円くらいかな？

うん、確かに1,000円はいまの京子ちゃんからすると、大きなお金だね。でも大人になって働き始めたら、もう少し余裕ができると思うよ。そうしたらまずは**①イデコの限度額まで積み立て投資に回す**といいと思う。

①イデコの限度額って確か、毎月12,000円の人もおったり、68,000円の人もおったりしたね。

その通り。だから**人によっては、すぐに毎月の積み立ての限度額いっぱいになってしまう**ことがある。でも老後の資産形成のためにはできるだけ多くのお金を積み立て投資に回すことが重要だよ。

2

お金が増えていく理由をわかりやすく教えてえや

69

そっか、じゃあ①イデコが限度額いっぱいになって、少し余裕があったら②つみたてニーサでも投資をした方がええんじゃね。

 そういうこと。つみたてニーサでは、毎月およそ33,000円まで積み立て投資ができる。だから人にもよるけど、二つの口座の毎月の積み立て合計金額がおよそ45,000円~101,000円までになる。そして、それでもなお、お金が余ったら③の普通の課税口座で積み立て投資をしたらいいよ。

 うちはお金を増やしたいけえ、①イデコと②つみたてニーサの両方、ちゃんとしたいわ。

 そうだね。それがいいと思う。

 でも、毎月いくら積み立てたら、何年間でいくらになるんかねえ。全然見当がつかんわ。

 それは気になるところだね。それでは運用利率を年率5%でシミュレーションしてみよう。ここでは話を簡単にするために、税金と手数料などは無視して考えるよ。

▶積立金額別シミュレーション例

毎月の 積立金額	10年間	20年間	30年間	40年間	50年間
5千円	77万円	205万円	416万円	763万円	1,334万円
1万2千円	186万円	493万円	998万円	1,831万円	3,202万円
3万3千円	512万円	1,356万円	2,746万円	5,035万円	8,806万円
4万5千円	698万円	1,849万円	3,745万円	6,867万円	1億2,008万円
6万8千円	1,055万円	2,795万円	5,659万円	1億376万円	1億8,146万円
8万円	1,242万円	3,288万円	6,658万円	1億2,208万円	2億1,349万円
10万円	1,552万円	4,110万円	8,322万円	1億5,260万円	2億6,686万円

※運用利率5％（年率）とした場合

 こんな感じだね。

 はあーっ、ぶちすごいじゃん！

 そうだね。ただ、これはあくまでもシミュレーションだから、実際にこうなるかどうかはわからない。でもこれが、複利効果を活かした長期分散積み立て投資の力というところだね。特に40年、50年のところを見てごらん。

 あっ、なんか、それまでのお金の増えかたと比べたら、年が増えるほどにお金の増える大きさが、ぶち上がっとる！

お金が増えていく理由をわかりやすく教えてえや

2

うん。それが雪だるま式の複利効果。そして毎月の積立金額によるお金の増えかたの違いにも注目。

 わかった。当たり前かもしれんけど、毎月出すお金が大きい方がお金が大きくなっとるわ。

 その通り。だから僕は無理のない範囲で、余裕資金はつみたてニーサやイデコ口座に入れる方が良いと思う。

 はあ、ほんまじゃねえ。うちも全部のお金を投資に回すわ。

 おっとっと、京子ちゃん、それは極端な考えかただよ。人生は長くて、いろんなことがあるよ。ひょっとしたら京子ちゃんが大病を患って入院して、仕事を続けられなくなるかもしれない。他にも就職先の会社が倒産して、路頭に迷うこともあるかもしれない。

 先生、そんな不安になるようなこと言わんとってよ！

 ごめんごめん。でも、これって誰の身にも起こり得ることだよ。だから積み立て投資と並行して積み立ての預貯金を少しずつ行うことが重要だよ。貯金があればいざという時に困らないからね。

 そうなんじゃ。増やしつつ貯めないといけんのんじゃねえ。

第 **3** 章

つみたてニーサに ついて教えてえや

投資信託ってなんなん？　あと、つみたてニーサで何を
買うたらええか、具体的に教えてくれんかね？

投資信託ってどんなもんなん？

ここからはつみたてニーサとイデコで買える、**投資信託という金融商品**について説明するね。

とうししんたく？　あれ？　株式っていうんをするんじゃないん？

うん。**株式投資をするよ**。

でも投資信託？　株式はどこへいったん？　いきなりで悪いけど、うち、ようわからんわ。

じつはね、投資信託っていうのは、いろいろな株式が詰まっている**入れ物**のことなんだ。

入れ物？

そう。京子ちゃんが学校に背負っていくランドセルみたいなものだよ。いろんなものが入るよね。

うん。教科書でもノートでも、なんでも入るよ。

そして、**投資信託っていうランドセル**にもなんでも入る。投資信託の中に世界中の株式を数十〜数千個入れることだってできるんだ。株式だけじゃないよ。債券っていうのとか、金_{きん}とか、不動産とかも入れられるんだ。

投資信託は株式がつまったランドセル！

世界中の会社の株式

株式主体の投資信託

 すごっ。ようわからんけど、そんなにたくさん入れることができるん？でも、はあ、すごく高くなりそうじゃ。だって、例えばうちがランドセルに、消しゴムとか物差しをたくさん入れるにはお金がいっぱいいるけえね。株式って高いんじゃろ？

 そうだね。もし個人で世界中の株式を数千社買おうとすると、数億円のお金が必要になる。でも大丈夫、**投資信託はほんの少しのお金で数千社の株式が買える仕組み**なんだ。いまでは、100円から買えるところもたくさんあるよ。これはみんながお金を出し合っている仕組みだと思ってもらえばいいよ。

投資信託の仕組み（イメージ）

投資家（私たち）

投資信託の
販売・管理・運用
などを委託

証券会社・銀行など

投資信託

投資信託（少額から投資できる、いろんな
金融商品が入っているランドセル）

投資信託にはたくさんの金融商品を入れられる
（国内外の株式・債券・不動産／金_{きん}／商品など）

数千も入るのに小さなお金でも買えるんじゃあ。でもどうしてそんなにたくさんの株式を、ランドセルに入れるん？　なんかええことあるん？

良い質問だね。こんなふうにたくさんの株式を持つことを、分散投資っていうよ。実は分散投資をすると、すごくいいことが起こるんだ。

なになに？　どんなええこと？

ジャーン！　それはリスク（値動きの振れ幅）を抑えることができるっていうことなんだ！

……なんじゃ、そんなことか。もっとすごいことかと思ったわ。

いやいや、リスクを抑えることってとても大事なんだよ。

長期と分散ってなんなん？

ねえ先生、なんで分散投資でリスク（値動きの振れ幅）を抑えられることがいいことなん？

それはね、資産形成は長期で行うことが大切だからなんだ。

つみたてニーサについて教えてえや

ああ、**短い時間じゃと投機になるけえか。**

 そうそう。それで20年とか40年とかの長期で行うことが投資なんだ。でも数十年投資をしているあいだに、投資対象を分散していないとリスクが高いんだ。

 長期っていうのは数十年っていうことなんじゃね。でもリスクが高いとどうなるん?

 簡単に言うと株価が大幅に値下がりした時に、ものすごく心がキツくなる。そしてそれに耐えられずに安値で売ったり、投資をやめたりする。**つまり、安全性が低くって、長期投資ができなくなる。**

 あらら、それじゃあ、大損したり、老後のお金が準備できなくなっちゃうね。

 そう。だからリスクは下げた方がいい。また、別の言い方をすると、**期待リターンが同じならリスクが低い方が、よりたくさんのお金が上手に働ける**っていうことになる。つまり効率がいいんだ。

 難しゅうて、うち、はあ、ようわからんわ。そんなランドセルで分散せんでも、ガツンと一個のぶち儲かる株式を買えばええんじゃないん?

 まあ、普通そう思うよね。じゃあ、クイズを出すよ。次の3つの会社の株式のうち、どれが一番儲かるでしょうか?

【質問】投資家が儲かる株式はどれ？

株価

A ○
B ○
C ○

現在　　　　　　　将来

株価は
どうなる？

A：成績が良い会社（株価が高い）

B：成績が普通の会社（株価は普通）

C：成績が良くない会社（株価が安い）

 そんなの簡単、誰でもわかる問題じゃん！　良い会社が一番儲かって、良くない会社が一番儲からんわ。えっへん。

 ブー！　不正解！　実は「どれを買っても同じ」だよ。

 えー！　なんでなん？　おかしいじゃん！

 いや、おかしくないんだ。いま京子ちゃんが言ったように、誰でもわかる問題なんだ。誰でもわかるから、良い会社でも良くない会社でも理論上は「どれを買っても同じ」になるんだ。

 どゆこと？

 いいかい？　前にも言ったけど、投資ではリスクに応じてリターンがついてくると考えられる。そして世界中の投資家や専門家は、賢いと考えられる。難しい言葉で言えば市場は効率的だということとだ。

効率的？　じゃったらどうなん？

 だから投資家は予想される会社の将来の成績から、長期的に見ると「損しない長期金利（乱暴に言うと、銀行預金の金利みたいなもの）＋5〜6％くらいのリターン」を要求しているんだ。つまり、未来の成績からリスクを背負う分だけ、ちょっと安い価格でいまの理論上の株価を決めている。

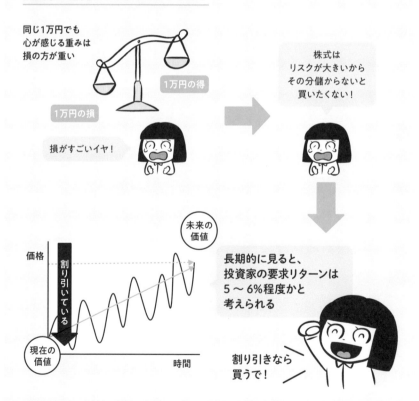

投資家の感覚ってどうなっているの？

同じ1万円でも
心が感じる重みは
損の方が重い

1万円の得

1万円の損

損がすごいイヤ！

株式は
リスクが大きいから
その分儲からないと
買いたくない！

未来の価値

価格

割り引いている

現在の価値

時間

長期的に見ると、
投資家の要求リターンは
5〜6％程度かと
考えられる

割り引きなら
買うで！

ふんふん。

 つまり簡単に言っちゃうと、投資家は良い会社でも、普通の会社でも、良くない会社でも「損しない長期金利＋5〜6％程度」割り引いた価格で売買している、ということだ。

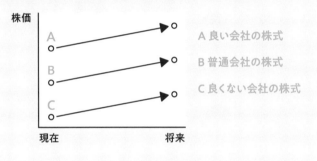

みんなが賢い世界（効率的な市場）では、どの会社の株を買っても理論上の期待リターンは同じ

株価

A 良い会社の株式
B 普通会社の株式
C 良くない会社の株式

現在　　　　　　将来

 えー！　ほうなん！　みんなが賢いけえ、逆にどれ買っても同じようになるなんて、ぶち不思議じゃあ。でも、短期間にぶち儲かったり、損したりすることもあるんじゃないん？

 うん、ある。個別の株式の場合、そういうことはよくある。

 話がさっきと違うじゃん。

それは予想外の出来事（良いこと・悪いこと）がその個別の会社に起こった場合にそうなる。例えば次のような感じ。

- 成績が良い会社→社長が巨額の脱税をしていた！→株価が急落する
- 成績が悪い会社→たまたま大ヒット商品が出た！→株価が急騰する

将来成績が良くなる会社の株を買うことがベストだけど…

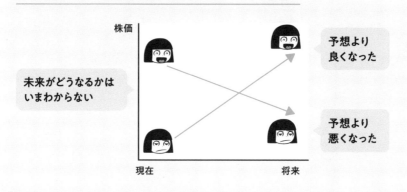

 ほいじゃあ、いまは成績が良くないけど、これから良くなる会社の株式を買えばええね！

 まあ理論上はそうなるね。でも、未来のことがわかる予言者はいない。それにもうわかっている良いこと・悪いことは、すでに賢い人々によって、理論上の価格に織り込まれていると考えられる。そしてこの予測不能の値動きの上下の振れ幅こそがリスクなんだ。

 なんじゃあ、つまらん。それじゃあ安全には儲けられんわ。

そうだね。では、もう一つ質問。次のうち、京子ちゃんはどっちがいいと思う？　期待リターンは同じとするよ。

・集中してリスクが高い投資
・分散してリスクが低い投資

そんなん、リターンが同じならリスクが低い分、分散した方がお得じゃろう。うちでもわかるわ。

そうだね。だから資産形成では分散した方が有利だね。

はあ、簡単なもんじゃねえ。でも先生、なんで分散したらリスクが抑えられるん？

おおっ、またいい質問だね。ジャジャン！　それは分散するとお互いのリスクが、お互いのリスクを打ち消し合う効果が生まれるからなんだ！

……さっぱりわからんわ。

例えば、京子ちゃんの小学校でテストがあるよね。で、国語が100点でも算数が10点だとする。こうなっていると、2教科の点数の振れ幅(リスク)が大きいよね。

うん。でもうち、算数はもうちょっと点数がええよ？

まあ、例え話だから。で、この成績をこのままお母さんに見せるとどうなる?

確実に怒られる!　いやじゃあ～!

では、そうならないためにはどうしたらいい?

うーん。他の得意な教科のテストの点数も入れる?　かな?

正解!　国語と算数以外に、理科・社会・音楽などたくさんのテストの点数を入れていく。つまりリスクを分散する。そうしたら全体で見たテストの点数の振れ幅は小さくなるよね。

あー、うん、なんとなくわかった……かな?

まあ、いまのは少し強引な例えだったけど、金融商品の場合でも同じことが起こるんだ。例えば、値動きの異なる株式があるとするよ。これを単品で保有すると、値動きがとても激しいんだ。つまりリスクが高い。

ふんふん。さっきの国語と算数だけの状態じゃね。もしそれで金融危機っていうの?　それが来たら大変になっちゃうね。

そう。ちなみに金融危機は十年に一回とか、不定期だけど結構起こるよ。まさに今回コロナで世界的に株価が急落したよね。京子ちゃんがこれから生きていくうえで、こんなことがあと十回くらいは起こるかもしれない。

はあー、そんなに！ それなら、よけいリスクは低い方がええわ。

 そう。そこで分散投資をする。投資対象を投資信託というランドセルの中にたくさん入れちゃう。それこそ、数千社の株式を入れちゃうんだ。

 なるほど！ それでリスクが下がって、長期投資がしやすくなるってことじゃね！

 そういうこと。ちなみに、このように分散することで簡単に打ち消すことができるリスクを非市場リスクっていうんだ。まあ、簡単に言うと「どうでもいいリスク」っていうことだね。

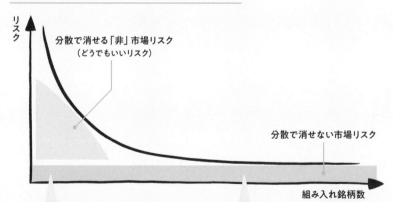

期待リターンが同じならリスクが低い方が安全

リスク

分散で消せる「非」市場リスク
（どうでもいいリスク）

分散で消せない市場リスク

組み入れ銘柄数

投資対象が少ないと
期待リターンが同じ割に、
リスクが高く効率が悪い

投資対象が多いと、
期待リターンが同じでも、
リスクが低く効率が良い

 3

つみたてニーサについて教えてえや

ふーん、どうでもいいリスクもあるんじゃね。でも、先生。リスクとリターンがおおむね比例するっちゅうことじゃったじゃん？　それなら、そのどうでもいいリスクだって、あった方がリターンも高いんじゃないん？

 # おおー！　なんてすばらしい質問なんだ！

 えへへ、そうじゃろう。

 でもね、この分散するだけで消えちゃう「どうでもいいリスク」には特別なリターンがつかないって考えられているよ。

 えー？　なんでなん？

 世界中の賢い人たちは気づいてるはずさ。「分散するだけで消えちゃうようなリスクにリターンなんかつくはずがない。じゃあ、そんなどうでもいいリスクは背負わない方がいいじゃん！」ってね。

 はあー、そうなんじゃあ。じゃったらますます、ランドセルにたくさん株式を入れた状態の、投資信託がええね。

 そう！　「背負う」なら分散した状態の低いリスクがいい。ランドセルだけにね！

 ……先生、そのダジャレ寒いで……。

投資信託はランドセルじゃね

先生、うち投資信託って聞くと、なんかわかりにくくなるんよ。じゃけ、投資信託のこと、ランドセルって呼んでもええ?

わかった。じゃあこれからは投資信託をランドセルって呼ぶね。

やった! これでぶちわかりやすうなった。

それじゃあ、最初につみたてニーサで買えるランドセルを学ぼう。とても簡単だから安心してね。

なんでイデコから見ていかんのん?

それには理由がある。つみたてニーサは2018年から始まったとても新しい税制優遇制度。そして管轄は金融庁。お金のプロたちなんだ。だから正直、資産形成における考えかた、特に金融商品については、厚生労働省管轄のイデコのそれよりも進んでいると思う。

でも税制面での優先順位はイデコが先じゃろ?

そう、税制面ではね。でも金融商品の考えかたではつみたてニーサの方が進んでいると思う。だから先につみたてニーサのランドセルの考えかたを学ぼう。それを理解したうえでイデコのランドセル

を見ると、イデコで選ぶべきランドセルが見えてくるよ。

ほうなんじゃ。難しいことはようわからんけど、まずは**つみたてニーサのランドセルを見れば、はあ、長期分散投資で重要なことがわかる**ってことじゃね?

ご名答。それではつみたてニーサで買えるランドセルの一覧を見てみよう。ちなみに国内では、およそ6,000本ものランドセルがあると言われている。でもつみたてニーサの選定基準をクリアしたのは193本だけ(金融庁『つみたてNISA対象商品の概要について(2020年12月23日時点)PDF』より)。

えっ、6,000本中193本だけなん?　ぶち少ないじゃん!

それくらいつみたてニーサには、厳しい選定基準があるんだよ。これはつまり、そのまま長期分散積み立て投資に適しているランドセルということでもある。ちなみにここではこの選定基準を**金融庁フィルター**って呼ぶことにするよ。

金融庁フィルター?　なんか変な呼び名じゃねえ。

まあ正式名称ではなくて、僕が勝手にそう呼んでいるだけなんだけどね。

どんなランドセルがあるん?

これらがそうだよ。

国内株式

- トピックス
- 日経平均株価
- JPX日経インデックス400

海外株式（かっこの中は大まかな対象）

- MSCI ACWI インデックス　（全世界）
- FTSE グローバル・オール・キャップ・インデックス　（全世界）
- MSCI コクサイ・インデックス　（先進国）
- FTSE ディベロップド・オール・キャップ・インデックス　（先進国）
- S&P 500　（米国）
- CRSP US トータル・マーケット・インデックス　（米国）
- MSCI エマージング・マーケッツ・インデックス　（新興国）
- FTSE エマージング・インデックス　（新興国）
- FTSE RAFI エマージング・インデックス　（新興国）

（執筆時点の内容：参考金融庁ＨＰ）

 上記以外に「アクティブ型・バランス型」っていうのがある。

 あれ？　先生全部で12しかないよ？　193本あるんじゃないん？

 うん。商品名は全部で193本ある。でも中身はこの12種類のみ。ちなみに京子ちゃんが読みにくいところはカタカナに直したよ。ただつみたてニーサの口座を開く金融機関によって取り扱う商品は異なるから場所によってはないものもあるよ。

 んん？　どういうこと？　全部で193本あるのに、中身が12種類って、はあ、先生、変なこと言うとるわあ。

そう思うでしょう。でも、実は変じゃない。**思い出して、ランドセルの特徴を。**

 えーっと。ランドセルにはいろんなものを、ぶちたくさん入れることができるんじゃったっけ。

 そう。そしていま挙げた12種類は、**世界のいろいろな株式市場の指標(市場平均)**っていうものなんだ。そしてその12種類の指標の入ったランドセルや、「アクティブ型」とか「バランス型」が全部で193本あるんだ。

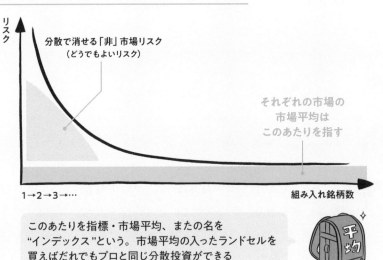

組み入れ銘柄を増やせば"インデックス"の完成!

リスク

分散で消せる「非」市場リスク
(どうでもよいリスク)

それぞれの市場の
市場平均は
このあたりを指す

1→2→3→… 　　　　　　　　　　　　　　　組み入れ銘柄数

このあたりを指標・市場平均、またの名を
"インデックス"という。市場平均の入ったランドセルを
買えばだれでもプロと同じ分散投資ができる

平均

 それってひょっとして、**193本のうちほとんどは、ランドセルの中身が同じじゃけど、呼び名だけが違うっていうこと?**

簡単に言うとその通り！　これは同じ中身のランドセルを買え
ば、呼び名(商品名)が違ってもほぼ同じ値動き・同じ運用
成績になるっていうこと。だから、つみたてニーサの193本をす
べて理解する必要はない。これから解説するポイントだけをしっか
り押さえれば、問題ない。そして、それを理解できればイデコ口座
での商品選びもわかる、っていうことだよ。

 そうだったんじゃ。うち投資信託を選ぶのってもっと大変なことか
と思いよったわ。

 そうでしょう。でもポイントを押さえれば、プロと同じ成績
が出せるよ。

 国内・海外の株式？　ようわからんわ

 大雑把に言えばランドセルの中身は、国内株式と海外株式の二
つに分けられるよ。

 なに？　その国内株式と海外株式って。

 うん。国内株式っていうのは僕たちの住む日本にある会社の株式のこ
と。そして海外株式っていうのは、それ以外の外国の株式のことだよ。

はあ、そうなんじゃ、でも外国ってどんなんがあるん?

 そうだね、一番株式の規模が大きいのはアメリカ。そして**先進国**というかたまりだと、アメリカはもちろんイギリス、ドイツとかの二十数か国がある。ちなみに大きさで言うと先進国のかたまりのおよそ半分はアメリカ。そのくらいアメリカは大きい。そして**新興国**というかたまりだと、中国やインドなどの二十数か国が挙げられるね。

 それがつみたてニーサのランドセルにも入っとるん?

 うん。中身をもう一度、見てみよう。

国内株式

- トピックス
- 日経平均株価
- JPX日経インデックス400

海外株式(かっこの中は大まかな対象)

- MSCI ACWI インデックス (全世界)
- FTSE グローバル・オール・キャップ・インデックス (全世界)
- MSCI コクサイ・インデックス (先進国)
- FTSE ディベロップド・オール・キャップ・インデックス (先進国)
- S&P 500 (米国)
- CRSP US トータル・マーケット・インデックス (米国)
- MSCI エマージング・マーケッツ・インデックス (新興国)
- FTSE エマージング・インデックス (新興国)
- FTSE RAFI エマージング・インデックス (新興国)

(執筆時点の内容:参考金融庁HP)

ね、世界中に分散投資できそうでしょ？

ふーん。ねえ先生。どうして同じ分類なのに複数あるん？　日本株式でも、はあ、３種類もあるわ。他のもそうじゃ。

これはね、同じような中身なんだけど、それを監督しているところが違う、っていうイメージだね。あんまり気にしすぎない方がいいよ。

そう言われても、いっぱいありすぎて、はあ、ようわからんで。どれか、これ！　っていうふうに絞ってくれんと。

それもそうだね。じゃあ、僕が特に重要だと思う指標をピックアップしよう。**これは特にすごい！　っていうわけじゃあなくて、有名**だよねっていうものだよ。こんな感じ。

- 国内株式 … トピックス
- 全世界 …… MSCI ACWI インデックス
- 先進国 …… MSCI コクサイ・インデックス
- 米国 ……… CRSP US トータル・マーケット・インデックス
- 新興国 …… MSCI エマージング・マーケッツ・インデックス

だいぶすっきりしたわ。うちにはこのくらいの本数じゃないと逆にようわからんわ。でもまあ、これがどう違うんか、全然わかっとらんけど。

おすすめ商品を1本だけ教えてえや！

というわけで先生、つみたてニーサでの先生の**おすすめランドセル**はどれなん？　1本だけ教えてえや！

おすすめを1本だけねえ……。まあ、仮に1本しか買えない！　という条件だったら、いまの僕なら──

『MSCI ACWI インデックス』

が入ったランドセルを選ぶね。具体的な商品名ならこれかな。

eMAXIS Slim 全世界株式（オール・カントリー）

別に「これを買いなさい」っていうわけじゃないよ、一例ね。信託報酬と呼ばれるコストも0.1％台と安い（執筆時点）。コストについてはあとで説明するよ。さっきも言ったけど、つみたてニーサのランドセルは、窓口となる金融機関（証券会社）が品ぞろえを選ぶから、これがない金融機関もある。その場合、僕なら、

ニッセイ外国株式インデックスファンド

を選ぶね。こっちのランドセルの中身は「MSCI コクサイ・インデックス」。こちらも、日本を除いた世界中の先進国にしっかり分散投資できる。おまけにコストも安い。

ふーん。なんかこれ「eMAXIS Slim 全世界株式」って、名前からして、世界中の株式って感じじゃね。

そうなんだ。どれか一つだけ、って言われたら、全世界の株式に分散投資をすることがいいと僕は考えているよ。例えば、いま挙げた「MSCI ACWI インデックス」っていうのが入っているランドセル（投資信託）なら、どれを買っても、世界数十か国の株式数千社に分散投資をしたのと同じ効果が見込める。とっても楽ちんだ。

そんなに楽ちんでええん？　もっとこう、特別な分析をしたりせんでええの？

楽ちんがいいんだよ。積み立て投資を始めたら、悩むことはない。京子ちゃんはこれから先の人生、やるべきことがたくさんある。資産形成のことで日々頭を悩ませるなんて、実にばかばかしい。

そ、そうなんじゃ……でもそれだけでええのん？

いい。何しろつみたてニーサに選ばれているランドセルのほとんどは、世界中のプロが知恵を絞った結果なんだ。だから理論上はプロと同じ成績になる。これはとっても大事なことだから、あとで詳しく解説するね。

どゆこと？　はあ、ぶち気になるで。

なんでインデックス型が多いんじゃ？

うーん。先生、さっき教えてくれた12種類のランドセルの中身じゃけど、インデックスって言葉がついとるんが多いね。ところで

インデックスってなんなん？

おおっ、するどいね。実はインデックスっていうのは、さっきちょっとだけ触れた「指標」という言葉を英語にしたものなんだ。

指標ってなんなん？

指標っていうのは、簡単に言うと各株式市場などの値動きの平均みたいなものだよ。それでね、そんな株式市場の指標が入っている（指標と連動することを目標にした）ランドセルのことをインデックス型投資信託っていうよ。

なんかようわからんで。うちにもようわかる言葉で言うてえや。

ごめんごめん。じゃあインデックス型投資信託のことを、平均ランドセルって呼ぼう。

それならうちでもピンとくるわ！　じゃあ、平均ランドセルいうんは、その……それぞれの株式市場の平均みたいなものが入った投資信託っていうことなんじゃね？　細かいことはようわからんけど。

うん。大切なことは、**お金の専門家である金融庁の厳しい金融庁フィルターをクリアしたのは、世界の株式市場の平均と連動する値動きを目指す平均ランドセルがほとんどである**、ということなんだ。

んーと、難しいことは、はあサッパリじゃけど、

平均ランドセルがすごい！
っていうことでええん？

その通り！　資産形成を合理的にするなら、平均ランドセル(インデックス型投資信託)が重要！　っていうことだよ。

でもなんでなん？　どうして平均ランドセルがええん？

それはね、市場の平均（インデックス）っていうのは、世界中の賢い専門家たちが、**「平均を上回る成績を残そう」**って頑張った結果だからなんだ。ちなみにこういう「平均を超えることを目指そうとする投資信託」のことを**アクティブ型投資信託**っていうよ。アクティブは活動的・積極的っていう意味だよ。

アクティブ型ランドセルっちゅうことじゃね。

そう。そして**結果として、賢い専門家たちが頑張れば頑張るほどに市場平均の方が良くなる**んだ。

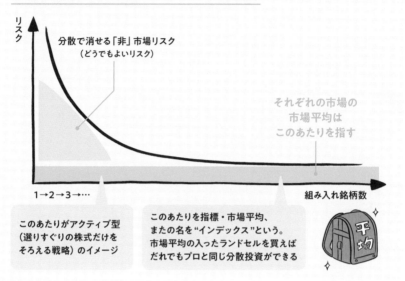

組み入れ銘柄を増やせば"インデックス"の完成！

リスク

分散で消せる「非」市場リスク
（どうでもよいリスク）

それぞれの市場の
市場平均は
このあたりを指す

1→2→3→⋯

組み入れ銘柄数

このあたりがアクティブ型
（選りすぐりの株式だけを
そろえる戦略）のイメージ

このあたりを指標・市場平均、
またの名を"インデックス"という。
市場平均の入ったランドセルを買えば
だれでもプロと同じ分散投資ができる

平均

 うん？　先生、また変なこと言うとるわ。だって賢い専門家たちが、平均を超えようと頑張っとるんじゃろ。じゃったら平均よりも、そのアクティブ型の方がええんじゃないん？　つみたてニーサの中にはアクティブ型はないん？

 あるよ。

 ほなら、うち絶対アクティブ型を買うわ。

 まあ普通そう思うよね。でも、現実には金融庁の厳しい採用基準をクリアして採用されているのは、ほとんどがインデックス型なんだ。アクティブ型との比率は９：１くらい。

えー？　なんで？　なんでそうなるん？　**先生も金融庁の人もちょっとおかしいんじゃない？**

うちにだって平均よりも、賢い専門家のアクティブ型の方がええってわかるもん！

 残念。ところがそうはならない。いい？　京子ちゃんの頭のイメージの平均っていうのは、たぶん段々小学校のクラスでのテストの平均点みたいなイメージだと思う。例えば、平均点が80点くらい。でも、頑張ったら100点取れて、平均点を簡単に超えちゃう！……みたいな。違う？

 合っとる。まさにそんなイメージじゃ。じぇけえ、アクティブ型の方がええじゃん。

 ブブー。そうはならないんだ。なぜなら、現実の株式市場は、賢い専門家(機関投資家)が多いと考えられるから。アクティブ型はもちろん、各国の年金機構とか、ファンドと呼ばれる巨額のお金を扱う会社だね。

 それって市場いうところはプロが多いってこと？

 そう。これは小学校のクラスでいうと、**クラスの生徒ほとんどが先生**っていうイメージだよ。つまり、みんなが賢くって、ほとんど高得点を取っちゃうんだ。

 えー！　そんなにみんなが賢いんじゃ！

つみたてニーサについて教えてえや

うん。一説では世界のお金の9割は専門家（機関投資家）が運用しているって言われている。だから多くの人が同じくらい賢いと考えられる（効率的市場仮説）。では、そのような賢いクラスの平均点ってどうなると思う？

えっと……ぶちええ？

その通り！　つまり、**みんなが同じように賢いと、その平均がすごく合理的で効率の良いものになっちゃうってこと。**これって投資の市場でも同じなんだ。

え？　それって平均が、ぶちええもんになるってこと？

うん。**みんなが市場平均を超えようと頑張るからこそ、アクティブ型よりも市場平均の方が良くなってしまうんだ。これは長期で見れば見るほどそうなりやすい。**

ちょ、ちょっと待って、なんでそうなるん？

京子ちゃん、株の値動きはランダムウォーカーだって言ったよね。だからアクティブ型の方は、うまくいったりいかなかったりする。それに**アクティブ型の平均こそがほぼ市場平均**だから、どんなに頑張っても市場平均に勝ち続けることができない。だから長期的に見るほど、市場平均の方が有利になっちゃうんだ。つまり、でたらめな世界では平均こそが一番すごいんだ。

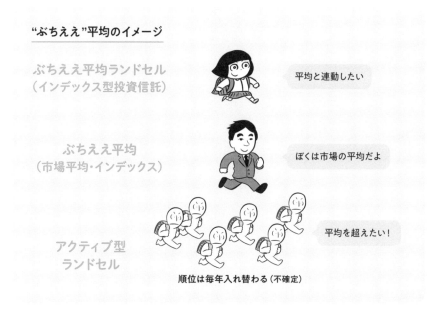

"ぶちええ"平均のイメージ

ぶちええ平均ランドセル
（インデックス型投資信託）

平均と連動したい

ぶちええ平均
（市場平均・インデックス）

ぼくは市場の平均だよ

アクティブ型
ランドセル

平均を超えたい！

順位は毎年入れ替わる（不確定）

 えー、ほうなん！　知らんことばっかりじゃあ。そんなすごいんなら平均ランドセルっていう名前じゃいけんねえ。イメージと違うけえ。

 そうだね。平均って聞くと、あんまりいいイメージはないかも。

 そうじゃ！　うちいまから、平均ランドセルのことを、

『ぶちええ平均ランドセル』

って呼ぶわ。その方がわかりやすいじゃろ。

 インデックス型投資信託＝ぶちええ平均ランドセルか。いいね！

 ええじゃろ。それにしても、みんなが賢い世界では平均の方がぶち良くなるなんて、ぶち面白いわ。

3

つみたてニーサについて教えてえや

どうして手数料が低い方がええん？

 あとね、つみたてニーサのぶちええ平均ランドセルには、**信託報酬が年率0.5%以下**であること、という条件があるんだ。
（信託報酬：投資信託を保有している間にかかる手数料。一般的に年率で表示される）

 なに？　その信託報酬って、うち、難しい言葉は好かんわ。

 えっと、まあ簡単に言うと、コストだよ。つまり……経費というか、**手数料**だね。

 ああ、ランドセルの手数料ね。それならわかるわ。

 じゃあ、京子ちゃんに問題です。この手数料が高いランドセルと、低いランドセル、運用成績がいいのはどっちでしょうか？

 うーん……ほうじゃ！　手数料が高い方のランドセルがええ！

 どうしてそう思うの？

 あのね、友達のマイちゃんちが去年、家を新しく建てよったんよ。その時、マイちゃんのお父さんが言いよったんよ。「有名な建築士さんに高いお金を払ったけえ、立派な家になるわ」って。じゃけえ

ランドセルも一緒じゃと思う。手数料が高い方が成績が良くなると思う！　どうじゃ！　正解じゃろう！　ふふん！

……残念！　不正解！

なんでー！？　高い方が絶対ええもんになるはずじゃあ！

それは家を建てる時の話ね。確かにお金をかけた方がいい家になると思うよ。でもランドセルの場合は、反対に手数料が高い方が悪い成績になっちゃうんだ。

また反対のパターン？　はあ、先生、そのパターン好きじゃねえ。でも、なんでなん？

説明しよう！　さっきも言ったけど、株式市場っていうのは賢い専門家がたくさんいるところだったね。

だから結果としてぶちええ平均（市場平均）の方がよくなるって話じゃった。

そう。つまり、そのような効率的な市場では、市場平均に連動さえすれば、コストをかけなくてもよい成績になるってことなんだ。

あっ、そっか！　わかった！　それってうちで言うたら、ランドセルの中身の文房具が同じなら、文房具は安いお店で買った方がお得ってことじゃね。つまり、ぶちええ平均がぶちええんじゃけえ、

手数料が高ければ高いほどその分成績が悪くなるってことじゃろ！

 そういうこと！　まさにその通り！

 やった！

 まとめると、①投資の世界では手数料が高いほど運用成績が押し下げられる！②高い手数料を支払っても、運用成績アップにはまったくならないと考えられる！っていうことだよ。これも役立つ知識だから、覚えておいてね！

手数料0.1％台より高いものは
無視すりゃええんよ

 でも手数料ってそんなに大きな影響になるかねえ？　いうても、はあ、あんまり変わらんのんじゃないん？

 いやいや、**大違い**。つみたてニーサのぶちええ平均ランドセルの金融庁フィルターでは、手数料が年率0.5％以下のランドセルだけOKになっているけど、**実際には年率0.1％程度が多い**んだ。それが一般的なアクティブ型の方になると、**年率1.5％なんて高いもの**もあるんだ。

 ぷっ、あはは。先生、1.4％しか違わんじゃん。そんなの気にする

ことないじゃん。

 そうかな？　まあ、多くの大人もそう思っているかもね。ねえ京子ちゃん、前に世界中の賢い投資家は株式投資のリスクを背負う代わりにどのくらいの見返り（リターン）を要求していると思われるかを説明したけど、覚えてる？

 うーんと、確か5〜6％くらいって言うとったかねえ……。

 大正解！　すごい記憶力だね！

 ふふーん！　当然じゃ！　うち、賢いんよ。

 うん。それじゃあ、ちょっと計算をしてみてくれる？

ランドセルA：手数料が0.1%（年率）
ランドセルB：手数料が1.5%（年率）

二つのランドセルがあるとするよ。

 ふんふん。手数料の違うランドセルが2個あるわけね。ランドセルの中身はなんなん？

 中身は、二つとも全世界株式のぶちええ平均だとする。つまり、二つとも同じ運用成績だよ。そしてここでは仮に年率の平均リターンが5%だとする。この場合、それぞれ何年間でお金が2倍になると思う？

うーん……サッパリわからんわ。あはは。

じゃあ、一緒に計算をしてみようね。まずAから。
ランドセルA：リターン5%ー手数料0.1%＝4.9%
つまり、Aの実質的なリターンは4.9％になる。

ありゃ、**手数料の分だけリターンが下がる**んじゃね。

そう。**手数料はただのマイナスに作用する**からね。今度はB。
ランドセルB：リターン5%ー手数料1.5%＝3.5%
つまり、Bの実質的なリターンは3.5％になる。

ありゃー、Bはもっと下がっちゃった。でもまだその差はたったの1.4％じゃ。

そうかな？　じゃあ、次にこの**実質リターンの時に何年で京子ちゃんのお金が2倍になるか**を計算してみよう。ここでは、わかりやすくするために、積み立て投資ではなく、京子ちゃんが100万円をまとめて投資した、と仮定するよ。

うん。でもどうやったら何年で2倍になるかがわかるん？

それは**72の法則**を使うとわかるよ。これはね、72を実質リターンで割ると、利益を再投資した雪だるま式（複利効果）でお金が増えた時に、何年でお金が2倍になるかを調べる法則なんだ。エッヘン。

えー！　そうなん？　ぶちすごいじゃん！　なんで72を割るとそれがわかるん？

 ギクッ……それは知らない……ごめん。算数の先生に聞いてください。ま、まあ、72を割るとわかるんだ。さっそくやってみよう。

 はーい。

ランドセルＡ：72÷4.9＝14.69

Aはだいたい15年で2倍になる計算じゃね。結構早いかも。それで、

ランドセルＢ：72÷3.5＝20.57

Bは20年くらい？

手数料の違いでこんなにお金の増えるスピードが変わってくる！

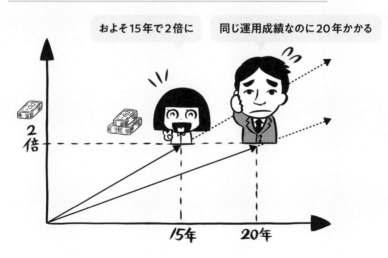

そう！　すなわちまったく同じランドセルの中身を選んでも、手数料が違うだけで実質的な運用成果は大きく異なる。そして、お金が増えるのにかかる時間が大きく変わってくる。だから、資産運用では、手数料が低いことっていうのがすごく大切なんだ。

そうじゃったんじゃ！
手数料って、たった数％の違いでそんなに大きな差になるんじゃ！

そう！　そしてこれはあとで出てくるイデコでのランドセル選びの時にも大きなカギになる。そして、普通の証券会社や銀行・郵便局などでランドセルを選ぶ時でも共通なんだ！

うーん？　先生、うちでもわかるように短い言葉で言うてえや。

ごめんごめん。ズバリ、
『手数料が0.1％台より高いもの、つまり0.2％以上のものはすべて無視せよ』
だよ。

あっ、それ、ぶちわかりやすいわ。それならうちでもわかるわ。

つみたてニーサ・イデコ以外の口座の中には、手数料が高いところで、4％（購入時手数料や投資一任費用など）などになることもあるから、要注意だよ。

もし4％じゃったら、 5－4＝1　72÷1=72じゃね。 2倍になるの
に72年かかるんか。それはイヤじゃあ。

 そうだね。だからもしもつみたてニーサ以外の投資をするところで、
**期待リターンの低いランドセル（リスクが低いもの）で手数料
が高いものを選んでしまうと、長期間やってもほとんど増
えない、あるいはマイナスになってしまうこともあるかもし
れない。**

 ほうじゃね。もしリターンが低くすぎるランドセルで手数料が高い
んじゃったら、マイナスになりそうじゃ。

 その通り。つまり損する。この点も注意が必要。だから信託報酬
と呼ばれる手数料は0.1％台から選ぶ。もちろんもっと低いのがあ
ればその方がいい。これも一生使えるお金の知識だから、しっか
り覚えておいてね！

 はーい！

なんで株式メインの
投資信託ばっかりなん？

 先生、うちすごいことに気がついたで。

なんだい?

あのね、つみたてニーサのぶちええ平均ランドセルって、なんと、**株式ばっかり**なんよ。

ほう。すごいね京子ちゃん。よく気がついたね!

ふふん、まあね。うちは鋭いけえね。でも不思議じゃ。なんで株式ばっかりなんじゃろう。なんでローリスクの債券が入っとらんのん?

うん。京子ちゃんの言う通り、**つみたてニーサのぶちええ平均ランドセル(インデックス型投資信託)の単一指数と呼ばれるものは株式ばっかりがランドセルに入っている**。単一指数っていうのは、バランス型って呼ばれるランドセルみたいに債券とか不動産が入っていないってこと。

そう、それ。いつものパターンだと、それにもすごい理由があるんじゃろ? 教えて!

確かにそれには理由があると思う。ただこれは公式の見解ではなく、僕個人の推測だけど……。

ええよ! 教えてえや。

リスクのことを説明した時に少し触れたけど、**株式っていうのはハイリスク・ハイリターン**なんだ。だから入っている。

えっと……。それ、なんでじゃったっけ？

 よし、おさらいをしよう。投資の世界（市場）には、賢い人がたくさんいると考えられている。だから、ローリスク・ハイリターンのモノがもしあれば、みんなが買うのでアッという間に**ローリスク・ローリターン**になる。

 ふんふん。

 そして、逆にハイリスク・ローリターンのモノがあれば、みんなが売る・または安くないと買わないのでアッという間にハイリスク・ハイリターンになる、と考えられる。ここまではいいかな？

 ああ、思い出したわ！　そうそう、**リスクとリターンはだいたい比例する。そしてハイリスク・ハイリターンの代表格は株式**っていうことじゃった。

 そう。そしてつみたてニーサはお金を大きくするための制度。だから必然的に金融庁フィルターを通過できるのは、株式主体のランドセルがメインになっているんだと思う。

 でもそれはなんでなん？

 それは国民が資産形成をするなら、できるだけ大きくしてあげたいという金融庁の親心じゃないかと思う。

 親心？

人は損がとってもイヤ(損失回避的)だから、無意識にもローリスクの債券や預貯金を選びがち。でもそれじゃ国民の資産形成が不十分になっちゃう。だからあえて株式のランドセルばっかりを選別しているんだと思う。

 ふうん。お金を大きくするには株式のランドセルが重要なんじゃね。

**同じ期間資産形成するのなら、
期待リターンが高い方がお金が大きくなりやすい**

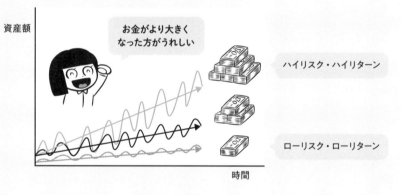

第4章

イデコについても
わかりやすく
教えてえや

イデコもやるで！　あと、つみたてニーサとイデコの
口座の開き方と買い方もついでに教えてくれんかね？

イデコにはハズレの商品があるん？

 じゃあ、ここからは**イデコの金融商品**についてみていこう。

 先生ごめん、イデコについてもう一回教えてくれる？

 おっとっと、イデコっていうのは**もう一つの年金**。原則として20歳から60歳までの人が加入できるものだったね。

 そうじゃった！　つみたてニーサは20年間税金がかからなくって、基本的にいつでも解約、つまりすぐに現金にできるけど、イデコはうちがおばあちゃんにならんと引き出せんのんじゃった。

 そして税制面での有利な順位は①イデコ②つみたてニーサ③通常の課税口座だったね。

 ああ、うち完全に思い出したわ。で、ここからはイデコの金融商品を見ていくってこと？

 そうそう。これもおさらいだけど、ここまで見てきたように、つみたてニーサの特徴には次のようなものがあった。ざっくり言うとこんな感じだったね。

- ハイリスク・ハイリターンの株式が主体のランドセル(投資信託)であること(単一指数のインデックス型の場合)

- ランドセルの種類は、ぶちええ平均(インデックス)が入っているものがメイン

- 手数料が0.5%以下であること(ぶちええ平均ランドセルの場合)

 そうじゃった。うちは先生の説明聞いて、つみたてニーサってようできとるわって思うたよ。

 そう、僕もつみたてニーサは合理的なものだと思う。さすが金融庁が2018年からスタートさせた最新の制度だ。でも、これがイデコになると、そうはいかないことが多いんだ。

 それってどういうことなん?

 乱暴に言うと、イデコに関しては金融庁フィルターのような厳しい選定基準があまりない。だから効率の悪いものや、僕から見るとハズレの金融商品がたくさん入っていることがある。

 えー? そうなん? どうやって見分けたらええん?

 結論を先に言うと、**つみたてニーサの金融庁フィルターをイデコの商品ラインナップに適用させたらいい**。そうしたら余計なものがそぎ落とされて、**効率の良いものだけが残る**からね。

4

イデコについてもわかりやすく教えてえや

イデコで買うべき
具体的な商品教えてえや

なーんじゃ。じゃあ、買うべきものはつみたてニーサと同じぶちええ
平均ランドセルっていうことなん？

そういうこと。

なんじゃあ、そんなのつまらんわ。うち、もう最初から正解を知っ
とったんじゃもの。

その**つまらない**正解をあらかじめ知っておくことが**重要**なん
だ。多くの人は、アレにもコレにもと手を出して、うまくいかなくって、
ようやく正解にたどり着くんだ。

はあ、そんなに時間がかかったら、お金を大きくする時間がなく
なりそうじゃ。

そう。京子ちゃんには最初から正解を知ってほしかったんだ。だか
らここまで詳しく説明をしてきたんだ。

そうじゃったんじゃ。確かにダメな理由を知っとらんと、ついつい
買ってしまいそうじゃ。だってうち、本当に元本確保型のとか、債
券の投資信託とか、バランス型とかアクティブ型が欲しいって思っ
てしもうたもの。

だよね。そんな勘違いを防ぐためにもつみたてニーサには、あらかじめそれらのあまり効率的ではない金融商品は除外してあるのかもしれない、って僕は考えているよ。

そっか、つみたてニーサの方がイデコより新しい制度じゃもんね。そうかもしれんね。

うん。じゃあ金融庁フィルターをふまえて、イデコで買うべき投資信託のポイントをおさらいしよう。

- 国内外の株式主体のぶちええ平均ランドセル(インデックス型投資信託)であること
- 信託報酬と呼ばれる手数料は0.1%台など低いものから選ぶこと
(つみたてニーサの手数料よりも高いことがあるが、もちろん低い方がいい)
- 手数料が0.4%より高いものは、問答無用ですべて候補から削除して構わない

うーん、ようわからんわ！ 先生、いくつか具体的な商品名を教えてや。

じゃあ、ここでは大手証券会社のイデコの商品から一例を挙げよう。前も言ったけど、イデコの金融商品は窓口となる証券会社や銀行ごとに商品名が違う。でも、商品名が違っても、中身が同じぶちええ平均で、手数料(信託報酬)が同じくらい低いなら、どれを買っても同じような運用成績になると考えられるよ。

そっか、**大切なのは商品名じゃなくって、ランドセルの中身**なんじゃね。

そういうこと。それでは A証券を参考に、一例を挙げてみよう。

❶ ジャンル：国内株式
・商品名：三井住友・DCつみたて NISA・日本株インデックスファンド
・手数料（信託報酬）0.10989%
・中身：トピックス（日本の株式市場のぶちええ平均の一種）

❷ ジャンル：先進国株式（日本除く）
・商品名：たわらノーロード先進国株式
・手数料（信託報酬）0.216%
・中身：MSCI コクサイ・インデックス（先進国の株式市場のぶちええ平均の一種）。

あれ？　先生、つみたてニーサの時の全世界の株式に一つのランドセルで投資できるものは選ばんのん？

うん、それがあったらそれでいい。でもそれはさっきやったからね。ここではほとんど中身が同じになるものを挙げたんだ。

どーゆーことなん？

例えばこの二つを、❶を２割❷を８割くらいの割合で組み合わせて積み立てると、世界の先進国二十数か国の株式市場に分散投資をしたのと同じような効果が望めるよ。つまりさっきの全世界株式のランドセルとほとんど同じになる。組み合わせについては、

あとで詳しく解説するね。

ふーん。そうなんじゃ。ほいで、もしこういうのがイデコ口座を開設した証券会社になくっても、中身が同じで手数料が同じくらいのランドセルを選んだら、商品名が違ってもだいたい同じような成績になるってことじゃね？

そういうこと。ね、とっても簡単でしょう？

うん。ほんまに簡単じゃあ。はあ簡単すぎて、もし最初にこれだけを教えられたら、逆に先生の言うことが信じられんかったわ。あはは。でもいまのうちなら、何でこうゆうのがええんかが、なんとなくわかる気がするわ。

うん、その「なぜ？ がわかること」がとても大事なんだ。

そもそも口座ってなんじゃろうか？

先生、うちも大人になったらすぐにつみたてニーサとイデコを始めたいわ。どうやったら始められるん？

最初につみたてニーサやイデコの口座を開く必要があるよ。ちなみに普通の課税される口座を開く時も手続きが必要なんだ。

口座ってお金を増やすための金庫みたいなもんじゃったっけ？

 そう。京子ちゃんは銀行口座を持っている？

 銀行口座？　うん、持っとるよ。お年玉の残りが少し入っとる。

 その口座は他の人が使ったり、お金を引き出せたりするかな？

 ううん。うち以外の人は口座からお金を引き出せんよ。うちだけの口座じゃ。暗証番号もうちしか知らん。

 そうだよね。つみたてニーサとイデコや普通の証券会社などでの口座もそんな感じだよ。他人は勝手に引き出せない。資産形成をしようと思ったら、最初に京子ちゃんは自分の口座を開く必要がある。そしてそこにお金を入れる。その中から投資対象を選んで積み立て投資できる。また、イデコや一部の証券会社の場合は、投資用の口座にお金を入れていなくても銀行口座などから引き落としにすることもできるよ。

 そうなんじゃ。そんな仕組みなんじゃね。暗証番号もあるん？

 うん。インターネットで行う場合、基本的に自分のIDとログイン用のパスワード、そして取引用のパスワードも必要になるよ。

 そうなんじゃ。覚えておけるかな。うち忘れやすいけえ心配じゃ。冷蔵庫にメモを貼っておこうかな。

ダメダメ。パスワードなどはとても重要なもの。自分にしかわからない方法で管理することが重要だよ。安全には十分気を付けてね。

 おすすめの証券会社は
どこじゃろか？

 そもそもつみたてニーサとイデコの口座って、どこで開けるん？

 一般的には証券会社で開くね。扱っていないところもあるからインターネットで調べるといいよ。

 そうなんじゃ。先生、どこがおすすめなん？　どこでやったら儲かるん？

 投資対象が同じならどこで口座を開いても結果は一緒だよ。さっき見たように、一般的に合理的な投資対象はほとんど同じだから、名前が違っても中身は一緒であることが多いんだ。

 じゃあどこでもええってことなん？

 いや。イデコの場合は毎月発生する口座の管理手数料が異なる。長期的に見るとこれが積み重なって、大きな差になることがある。

 えー！　そうなん？　低いところを教えて！

まあ、世の中は競争が働くので、大手の証券会社なら、みんな一律に最低手数料まで下げているよ。インターネットですぐに一覧を調べることもできる。

 そうなんじゃ。
掘り出し物の証券会社っていうのはないんじゃね。

 うん、ない。初心者の人にありがちなんだけど、例えば世界中でA証券会社でしか買えないお得な金融商品があるんじゃないか、とか、B証券会社では世界で誰も知らない有利な投資情報を握っているんじゃないか、とか思っている人が意外と多いんだ。

 あっ、うちもそう思っとる。お得意様とか、超お金持ちの人にしか教えない秘密の金融商品とか、スゴい詳しい社員しか知らないお得情報があるって。そうと違うん？

 そう思うでしょう。でも**そんなものはない**よ。金融商品っていうのは、公開されている市場、つまり株式市場などで誰でも見ること・買うことができる。**超お金持ちの人だけしか知ることができるものなんてないよ。**

 なーんじゃ。安心したようながっかりしたような気分じゃ。

 それに、敏腕の営業マンがいたとしても、それは営業のプロであって、資産運用の専門家ではない。もう一歩踏み込んで言うと、**資産運用のプロと敏腕営業マン、そして京子ちゃんの資産形成の実力は同じなんだ。**

ウソじゃあ。だってうち、なんにも知らんのんよ！　どう考えたって、プロの方がうちよりスゴいはずじゃわ。

 ところがそうはならない。京子ちゃんでも専門家と同じ成績を出すことができる。その秘密はあとで教えるね。

 口座の開きかたから教えてえや！

 じゃあ、うちは大人になったら、大手のＡ証券っていうところでつみたてニーサとイデコの口座を開くわ。どこでもええんなら、大きい方が安心じゃけえね。

 うん、それは京子ちゃんにお任せするよ。つみたてニーサもイデコも、本人の意思で行うものだからね。そうそう、証券会社によっては、つみたてニーサやイデコの口座の取り扱いがないところもあるよ。個人的には同じ証券会社でイデコとニーサ両方できる方が便利だと思う。

 ほいで、どうしたら口座を開けるん？

 口座の開設はインターネットがおすすめかな。まずは口座を開きたい金融機関（証券会社）のページにアクセス。入力フォームに住所や氏名を記入し、後日届いた書類にマイナンバーと、本人確認

書類を添えて提出すればいいんだ。

 本人確認書類ってなんなん?

 運転免許証や健康保険証、パスポートあたりかな。このコピーが必要になるよ。金融機関によってはこれをスマホで撮ってアップロードするだけでOKなところもある。これで口座開設完了。

 思ってたより簡単じゃねえ。

 口座ができたら、証券会社からIDとパスワードが送られてくるから、証券会社のウェブページにログインして、つみたてニーサを始めるための書類を取り寄せよう。

 ふんふん。

 書類が届いたら必要事項を記入して本人確認書類の写しと一緒に返送。問題がなければつみたてニーサの口座が開設される。順番的には投資用の口座を開いたあとに、つみたてニーサ用の口座を開く感じなんだけど、証券会社によっては、この両方が一度にできるところもあるよ。

つみたてニーサの口座開設の流れ（一例）

❶ 証券会社のホームページで必要事項を記入

❷ 本人確認書類・マイナンバーの写しを提出

❸ 口座が開設されたら、つみたてニーサ口座申込書を請求

❹ 届いた資料に必要事項を記入後、
本人確認書類とマイナンバーの写しを提出

❺ つみたてニーサ口座開設！

もっと大変かと思ったら意外と簡単なんじゃね。イデコの場合はどうなん？

イデコの場合は、ちょっとだけやることが多いんだ。まず金融機関のウェブサイトやコールセンターで資料を請求する。そして届いた資料の中にある「個人型年金加入申込書」に記入して、本人確認書類と一緒に返送する。

それだけ？　ぶち簡単じゃん。

自営業の人はそれでいいんだけど、会社員や公務員は「事業所登録申請書 兼 第2号加入者に係る事業主の証明書」を一緒に送る必要がある。

じぎょうしょとうしん2ご、、、、一生かけても覚えられなそうな名前じゃね！　もうやりたくなくなってきたわ……。

ははは、大丈夫。これは簡単に言えば、会社の人に書いてもらう書類。自分で書かなきゃいけない部分を埋めて、勤めている会社の総務部か経理部に持っていって記入・捺印してもらえばOK。

働いたことないけえ、よくわからんけど、**その事務の人に書類を持っていけば、イデコの申込書にハンコ押したり、いろいろやってくれる**っちゅうことやね。

そうそう。以上をとりまとめて送って、国の審査に通れば晴れて口座開設完了だ。

まあ、一度やっとけば一生めんどくさくないんやったら頑張ってみるわ！

以下にイデコの口座開設までの流れを書いておくから、参考にしてみてね。

イデコ口座開設までの流れ

❶ 証券会社のホームページで資料を請求する

❷ 資料が届いたら
　　①「個人型年金加入申込書」
　　②「本人確認書類」
　　③「事業所登録申請書 兼 第2号加入者に係る事業主の証明書」
　　を返送(個人事業主の場合③は不要)

❸ 国民年金基金連合会の審査後、口座開設！

実際の買いかた教えてえや！

どう？　資産形成のこと、少しわかってくれた？

うん、わかった！……って言いたいところなんじゃけど、うち、まだようわからんことがあるんよ。

あれ!? どんなところがわかりにくかった?

 ううん、ここまではようわかったんよ。でも実際の、その、取引っていうの? それが実際どうしたらええんか、さっぱりわからんのんよ。

 ああ、なるほど。確かにそうだね。僕も初めて口座を開いた時は何をどうしたら売り買いできるのかさっぱりわからなかったよ。ざっくりとしたイメージを知っていた方が安心だよね。

 そう、それじゃ! 取引のやりかたいうの? そのイメージを知りたいんよ!

 そうだね。じゃあ、ここではインターネットでのつみたてニーサとイデコのやりかたのイメージを見てみよう。

 インターネットって、自分一人で全部やるんよね。うちでもできるじゃろか?

 大丈夫。京子ちゃんでもできるよ。

 ほんまに? 難しくないん?

 とても簡単だよ。細かいところは証券会社やスマホ・パソコンの画面などで違うけど、一般的にはつみたてニーサ・イデコでの取引方法はざっとこんな感じね。

❶ 積み立て投資のためのお金の入れかた

・つみたてニーサの場合

　　銀行口座などからつみたてニーサを開いた証券会社などの口座に買うための
　　お金を入金する(金融機関によっては銀行口座から引き落としできる仕組みもある)

・イデコの場合

　　銀行口座から積立金額が引き落とされるので特にすることはない

❷ ランドセル(投資信託)を選ぶ(各種コスト&中身をチェック!)

**❸ 毎月いくら買うか(積立額・組み合わせの割合)を決定して、
積み立て投資スタート!**

❹ お金を引き出す時

・つみたてニーサの場合

　　投資信託を売却し、自分の証券会社などの口座から銀行口座などに移して
　　引き出す

・イデコの場合

　　原則60歳まで引き出せない(それ以降はまとめて受け取るか・分割で受け取るかを
　　選ぶことができる)

 ねっ、簡単でしょう。

 ちゃうちゃう、そうじゃないんよ。先生は投資をしたことがあるけえ、イメージがわくんじゃろうけど、うちはやったことがないけえ、そこがわからんのんよ。言葉やのうて、絵かなんかで教えてえや。

 なるほど、ごめんね。じゃあ、図で示すね。最初はつみたてニーサね。こんな感じ。

つみたてニーサ買い方の流れ❶

❶ 証券会社のトップページで
ここをクリック

○○証券（のトップページ）			
国内株式	投資信託	NISA つみたてNISA	……

❷ つみたてNISAを選択する

一般NISA	つみたてNISA	ジュニアNISA

つみたてニーサ買い方の流れ❷

❸ つみたてニーサ対象商品の中から
買いたいものを選ぶ。
内容は目論見書（※）で確認しよう！

○○証券

ファンド名	信託報酬	設定金額
○○先進国株式インデックスファンド	0.32%	5,000円
○○国内株式インデックスファンド	0.16%	1,000円
△△ファンド	0.28%	……円
××ファンド	0.15%	……円
………	………	………

❹ 積み立てる金額を設定する　❺ 目論見書や設定内容を確認したら完了！

※目論見書：ファンドの運用やリスクなどが書かれた説明書

 どう？

 どうって……。**ぶちカンタンじゃあ！**　これならうち
でもできるで。

そうだよね！　あと、商品や金額を変更したくなったら、あとでもできるからね。

 ほうかあ、それならもっと安心じゃ。

 じゃあ、次はイデコね。イデコの場合は、口座の開設時に毎月出す金額や、どの商品をいくらくらい買うかを書類に書いて提出するよ。

 あとから変更できんのん？

 掛け金の変更は窓口となる金融機関にお願いすると、改めて書類を送ってくれる。商品や配分の変更はパソコン・スマホからできるよ。ここでは『確定拠出年金インターネットサービス』っていうサイトの画面で見てみよう。こんな感じ。

イデコ買い方の流れ❶

❶ 確定拠出年金の最初のページで
・加入者口座番号(ID)
・インターネットパスワードを入力
(証券会社から届いた書類に書いてあるよ！)

加入者認証

加入者口座番号(ID) [　　　　　　　　　　　]
インターネットパスワード [　　　　　　　　　　　]

[ログイン]　　[クリア]

↓

❷ 個人ポートフォリオをクリック

個人ポートフォリオ	投資商品情報	個人属性	資料請求・照会

確定拠出年金インターネットサービス画面(イメージ)

イデコについてもわかりやすく教えてえや

イデコ買い方の流れ❷

現在の商品別配分がこれ！

▶ 現在の商品別配分

商品番号	商品名	配分割合	配分金額
001	○○○○	50%	5,000円
002	△△△△	50%	5,000円

- 拠出情報照会
- 残高・時価評価額照会
- 取引履歴照会
- 商品別配分変更
- スイッチング
- 用語集
- よくあるお問い合わせ

❸ 商品別配分変更をクリック

❹ 希望の商品別配分を入力して申込確認をする

商品番号	商品名	配分割合	配分金額
001	○○○○	●%	××××円
002	××××	△%	××××円
…………			
0021	■■■■	■%	××××円
合計		%	××××円

申込確認　　取り消し

 はい。こんな感じ。どう？

 やっぱりこれもぶちカンタンじゃ。もっと、はあ、難しいかと思いよったわ。

 そうだね。とてもシンプル。

買うたらいけん金融商品があるん？

なんか、うちが思うとったより、投資ってずっと簡単じゃね。

そうだね。僕もそう思う。このあと説明をする運用方法に関しても
そうだけど、「始めかた・考えかた・選びかた」ってどれも簡単なこ
とばかり。文字通り小学生でもわかることだらけだと思うよ。

ほんまじゃねえ。はあ、これでつみたてニーサとイデコのことがわかっ
たけど、普通の口座で投資をする時はどうやって選んだらええん？

つみたてニーサとイデコと同じ考え方で構わないよ。つみたてニー
サとイデコの口座は、税制面で優遇されている以外は、基本的に
通常の課税口座で投資をするのとほとんど変わらないからね。リ
スクもリターンも一緒。ただ課税口座で投資をしようとすると、多
いところでは投資対象が数千もある。

数千も投資対象があるん？

うん。国内の投資信託が6,000本くらいあるのはもう言ったけど、
それ以外に個別の株式やそれ以外のものがたくさんあるんだ。

へー！ そんなにあるんじゃね。それなのに選びかたは、つみたて
ニーサとイデコと同じでええん？

まったく問題ないよ。**迷ったらとにかく、つみたてニーサとイデコと同じ考えかたをする。**すべての金融商品に金融庁フィルターを当ててみるといい。それだけで京子ちゃんは一生投資に迷わないで済むと僕は考えているよ。

 そうなんじゃあ、うち知っといてよかったわ！

 でもね、**二つだけ気を付けてほしいことがある**んだ。それは、
①毎月分配型のランドセル（投資信託）
②外貨建ての預金と保険
この二つの金融商品に京子ちゃんはいつか出会うと思う。たぶん大人になって自分で投資を始めようとしたら、出会う。でもこれは**合理的な資産形成に向いていないから買わない方がいい**と僕は思うんだ。

 なんで？　理由があるん？

 うん。まず①の毎月分配型のランドセルっていうのは毎月、分配金というお金がもらえるんだ。

 ええっ！　毎月お金がもらえるん？　それってぶちええじゃん！どうしていけんの？

 そう思うでしょう。だから大人もこれを買っちゃう。でもこれはダメなんだ。金融庁フィルターでも、「**毎月分配型のランドセルはつみたてニーサに入れない**」っていうことになっている。

わー、出た！ いつものパターンじゃ。ほんまにワンパターンじゃね。あはは。

あはは、そうだね。でもこれって僕がワンパターンなだけでなく、**投資家の人々とそれを売る側の思考がワンパターン**であるとも言えるんじゃないだろうか。

どういうことなん？

金融商品を販売している会社っていうのはボランティア活動をしているわけじゃない。だから僕たち投資家から、たくさんの手数料を受け取りたいんだ。そのためにはあんまり安い手数料で長期分散積み立て投資をしてほしくないんだ。

なんで？

売る側が儲からないからだよ。だから頻繁に売買を勧める人もいるかもしれないし、手数料の高い金融商品もある。さらに、ワンパターンになる理由として「**僕たちが欲しいと思ってしまうムシのいい話**」の商品を作ってしまうことが挙げられる。そして、一番の問題は、**それを疑わずに買ってしまう僕たち投資家**にある。

ほうか、買うかどうかはうちらが決めることじゃもんね。相手は商売しとるだけじゃけえ、はあ別に悪くないもんね。

そうだね。売り手は悪くない。**残念なのは金融知識がない僕らではないだろうか。だからワンパターンな作戦にいつもは**

まってしまう。大事なのは、すごく魅力的な金融商品を発見した時に「あれ？　なんか話がうまくない？　おかしくない？」って疑うことだよ。

なんか、このワンパターンって昔から続いてて、これからもずっと続きそうじゃね。

そうだね。だからこそ金融知識が重要だと思うんだ。……さて、話を戻して①の毎月分配型のランドセルがなぜダメなのかを説明しよう。ものすごく簡単に言うと、ぶちええ平均ランドセルよりも、自分のお金が大きくなりにくいと考えられるからダメなんだ。

……なに言いよるん？　なんで毎月、お金がもらえるのにうちのお金が大きくなりにくいん？　全然わからんわ。

大人でもわかっていない人が多いよ。じっくり考えてみてね。

毎月分配型の投資信託は
買わなくていいんじゃ

まいった！　はあ、うちの負けじゃ！　なんで毎月お金がもらえる毎月分配型のランドセルがダメなんか、いくら考えてもわからんわ。

うん。これは難しかったね。実は毎月分配型の**分配金には2種類ある**んだ。

・**普通分配金**
　うまくいった時には、利益としてもらえるお金

・**特別分配金**
　うまくいかない時には、自分のお金が返ってくるだけのもの

んん？　っていうことは、うまくいかない時は、得してないってこと？

そう。

……でも、うまくいった時は利益のお金がもらえるんじゃろ？　じゃあ、損してないけえ、別にええじゃんか。むしろお得じゃん。

多くの大人もそう思う。でも、そうじゃない。損しているし、お金が大きくなりにくい。

どういうことなん？

いいかい、ランドセルを持っている間には、手数料（信託報酬）がかかり続ける。だから、仮に自分のお金が返ってくるとしても、実質的には減っているんだ。自分の財布からお金を出すたびにお金が少しずつ減るなんて、ばかばかしいと思わない？

4

イデコについてもわかりやすく教えてえや

あっ、そっか、手数料がかかるんじゃった。そりゃムダじゃあ。

そう。さらにお金が雪だるま式に増える複利効果も小さくなる。例えば京子ちゃんが雪だるまを作っていて、大きくしたい。でも、おせっかいな誰かが雪だるまの雪を削って、京子ちゃんのポケットに突っ込んでくるんだ。結果として雪だるまは大きくなりにくい。

うわ、それはイヤじゃ。うちは早く大きくしたいんよ。お金が戻ってくるのは、ぶちイヤじゃ。

そう、だから**一見すると魅力的である分配金の利回りが、高ければ高いほど、不利になる。分配金はゼロ（内部で再投資）が最適なんだ。**つまり、毎月分配型のランドセルを選ぶと、ぶちええ平均ランドセルと比べるとお金が増える速度が遅くなる、不利になるっていうことだよ。

そうなんじゃ。じゃあ、普通でも特別でも、分配金を受け取っていると、お金が大きくなりにくいんじゃね。

その通り！　だから金融庁は少し前に「気を付けて！」ってアナウンスしてたんだ。

外貨建ての預金・保険も
一生いらんのやね

うーん、もう一つの外貨建ての預金・保険っていうのはなんのことなん？

うん。これはね、外国のお金で貯金をしたり、保険をかけるっていうことなんだ。

日本のお金じゃなくて？　外国のお金ですることに、なんの意味があるん？

それはね、日本のお金（円）は超低金利なんだけど、外国のお金（ドルやユーロ・リラ・ペソ・ランドなど）は金利が高いんだ。

金利ってなんかいね？

簡単に言うとお金のレンタル料金。銀行にお金を預けておくと、お金が増えるでしょ。あれはある意味、お金を銀行に貸しているからなんだ。

ああ、ようわからんけど、なんとなくわかるわ。

うん。この**外貨で預金や保険をするのが、特別に有利なことじゃない**っていうのは、大人でも理解が難しい。だからここでは、なんとなくわかってくれたらそれでいいから。

わかった。で、外国の金利が高いとどうなるん？

簡単に言うと**外国でのお金が増える速度が速くなる**。ここでは、お金が早く大きくなりやすい雪だるま式の複利効果で、何年で２倍になるか見てみよう（税・手数料・価格変動は無視）。

- **外国の金利が6％**
  お金が2倍になるのに12年かかる

- **国内の金利が0.01％**
  お金が2倍になるのに7,200年かかる

うそじゃろ！　日本のお金（円）ってダメじゃん！　うちなら絶対に外貨建ての預金にするわ！　はあ長期分散積み立て投資をしとる場合じゃないわ！　銀行へ行かにゃあいけん！

ちょっと、落ち着いて京子ちゃん。京子ちゃんはいま、**多くの大人と同じくお金の落とし穴にはまっているよ。それこそ、いつものパターンだよ。**

どうして？　どう見ても外貨建ての預金のがええじゃん！

ところが理論上はそうならない。「購買力平価説」というのがあるからなんだ。

なんなん？　そのムズカシそうな名前。

ざっくり言うと「購買力」とは「お金の力」で、「平価」は「同じ」ってこと。国内の金利と外国の金利の力は長期的に見ると等しいだろう、っていうことなんだ。

ええっと……さらにようわからんようになったわ！

ごめんごめん。例えばここに、ハンバーガーがあるとするよ。これは金利の低い日本では100円で売っている。そして金利の高い外国では1ぶちで売っているとするよ。

「ぶち」ってなんなん？

ふふ、僕がいま作った金利の高い架空の国「ぶち国」で使われている架空の通貨さ！

……まあええわ。ようは、ハンバーガー1個＝100円＝1ぶち、いうことじゃね？

そう。それでね、実は金利の高くて魅力的に見える外国のお金を使っている国っていうのは、物価の上昇速度がとても速い傾向にあるんだ。

それって、ハンバーガーが値上がりしやすいってことなん?

 そうそう。だから十数年とかでハンバーガーの値段が2倍になったりする。でも、日本では金利が低くて物価の上昇速度も遅いから──。

 ハンバーガーも値上がりしにくい!

 さえてるね〜! ではここで、金利の高い外国では、ある期間でハンバーガー1個が2ぶちに値上がりした、とする。でも、金利の低い日本では100円のままだった、と仮定してみよう。

 ああ、外国は物の値段が上がりやすいけえ、ハンバーガーが高くなったんじゃね。そんで、日本のハンバーガーは物価が上がらんかったけえ、100円のままなんじゃね。

 そういうこと。じゃあ問題。このとき、ハンバーガー1個は100円=何ぶち?

 え? えっと、2倍に値上がりしたけえ、ハンバーガーは100円=2ぶち じゃないん?

 ご名答。じゃあ、このとき、1ぶち=何円?

 へ? えっと……1ぶち=50円 じゃ。……あっ! **1ぶちの力が小さくなっとる**ん? おまけに2ぶち=100円じゃけえ、結局100円は100円のままじゃあ。なんなんこれ?

購買力平価説

金利が低い日本円

物価上昇率が低い

ハンバーガー1個
100円

⬇

X年後

ハンバーガー1個
100円

現在

⬇

未来

金利が高い外貨

物価上昇率が高い

ハンバーガー1個
1ぶち(外貨)

⬇

X年後

ハンバーガー1個
2ぶち(外貨)

(2ぶち=100円　1ぶち=50円)
※よく見るとお金の価値は等しいまま

 そう。かたい言葉ではぶちの力が小さくなって(ぶち安)、円の力が強くなる(円高)っていうんだけど、そこはなんとなくわかったらいいよ。大事なのはこのように**金利が高い国のお金で預金や保険をしていると、日本のお金(円)に戻すときには外国のお金の力が小さくなっている**と理論上は考えられるってこと。

 えー！　じゃあ、**金利が高くて魅力的なほど、損なん？**

 別にそういうわけではないよ。購買力平価説っていう名前の指す通り、長期的に見るとお金の力は同じくらいだと考えられるんだ。だから**お金の専門家は外貨預金とか外貨建ての保険は積極的に買わない。**売り手はビジネス上の成績を上げたくて、勧めてくるかもしれないけれど、買い

たい人はよく考えてほしい。それにつみたてニーサにもイデコにも、この外貨預金や外貨建ての保険は入っていなかったね。

そっか。**どんなに金利が高くて魅力的に見えても、その実力は同じ**なんじゃね。

理論上はそうだね。おまけに将来が円安・円高になるかは、結局のところゼロサムゲーム（投機）で、でたらめなんだ。その特性がわかっている人がやるべきことで、個人の資産形成には向かないと僕は考えているよ。

ほうかあ、うちはやっぱり投資がええわ。お金を大きくしたいけえね。

うん。お金を大きくするのにも、外貨建ての預金や保険は効率が悪い。例えば同じ数十年間、同じ金額で外貨預金をするよりも、株式主体のぶちええ平均ランドセルを保有したほうが、理論上の期待リターンが高いと考えられる。

そっかあ。やっぱりいつものパターンじゃったか。面白いもんじゃね。

ぶち面白いでしょう？　『ぶち』だけに！

あっ、それが言いたかっただけじゃろう。はあ～ぶち寒いで……。

ハハハハ……。

どんな組み合わせがおすすめなん？

ここからはポートフォリオについて見てみよう。

んん？ **ポートフォリオってなんなん？**

ポートフォリオっていうのは、つみたてニーサやイデコの口座で積み立て投資をする時に、何にどのくらいのお金を積み立てるかっていう、金融商品の組み合わせの比率のことだよ。

なんじゃ、組み合わせのことかいね。うち横文字が入ると、途端にわからんようになるけえ、最初から組み合わせって言うてえや。

それもそうだね。では組み合わせを考えよう。

はい！　じゃあ先生、うちに、はあ、一番ええ組み合わせを教えてえや！

オーケー。でも実は一番いい組み合わせっていうのは、一概には言えないんだよ。組み合わせというものは **投資家の効用が最大限になるのがよいもの**、とされているからね。つまり、京子ちゃんが満足するものがいいもの、っていうことだね。

えー？　そうなん？　ようわからんけど、うまいこと言って逃げとるんじゃないん？

 ギクリ……するどい。実はいまの僕は、本当は京子ちゃんみたいな**若い人、これからまだまだ働ける人は、効率を重視するのが重要**だと考えているよ。ここではいまの僕が「これがいいんじゃないかな」と考えているものを挙げてみよう。ただし、**いつも儲かるわけではない。運用成績は市場次第**だから、悪い時は当然下がるからね。

 はーい。で、どれなん？

 これ。全世界株式の、

eMAXIS Slim 全世界株式（オール・カントリー）

 以上、おしまい！

 ……一つじゃん！　組み合わせてないじゃん！　っていうか、はあ、前に見た全世界株式のぶちええ平均ランドセルじゃん！

 そうだね。でも、中身は前も説明したけど、国内・アメリカ・先進国・新興国に分散投資してある。比率をざっくりいうと、日本10％・先進国80％（そのうち半分くらいがアメリカ）・新興国10％くらい。つまり、**もう組み合わせてあるんだ。**

 そうなんじゃ。もうランドセルの中に組み合わせ済みなんじゃ。

うん。だから手間いらず。あらかじめ世界全体に組み合わせてあるランドセルがシンプルでいいなと思っているんだ。

 ほうね。でもそうじゃなくて、組み合わせるなら、どういう組み合わせを先生がええと思っとるかっていうことが知りたいんよ。

 わかった。これもすでに紹介したけど、国内株式の

『三井住友・DCつみたてNISA・日本株インデックスファンド』を20%

と、先進国株式の

『たわらノーロード先進国株式』を80%

だね。

ポートフォリオのイメージ

全世界株式（例）

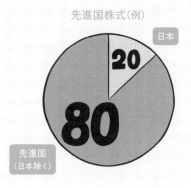

先進国株式（例）

えっと、どういうこと?

 例えば京子ちゃんが1万円をつみたてニーサかイデコで積み立て投資するなら、2,000円を国内株式に、8,000円を先進国株式に回す、っていう感じだね。

 それが一番ええん?

 それはいま、わからない。この効率が良かったかどうかは、数十年後に検証しないとわからない。でも、いまの僕はこれがいいと思うんだ。あくまでも個人の意見だけどね。

 あ、あと何度も言うけど、積み立て貯金も忘れずにやってね。

 うん、貯金はなんかあった時のために大事じゃもんね!

 こども用のニーサってあるん?

 じゃあここで休憩にしよう。ジュースでもどうぞ。

 わーい。ありがとう(ゴクゴク)。ねえ、先生、うちも早う資産形成がしてみたいで。

いいね。こどものうちから投資に慣れ親しんでおくことは僕もとても重要だと思うよ。

大人になるまで、はあ、待っとられんで。いまのうちでもできる投資ってないん?

実はこども用のニーサっていうのがあるよ。他にも税金がかかるけど、**こども用の口座**がある金融機関もある。

こども用! ぶちええ感じじゃん! お得な方がええわ。そのこども用のニーサ、詳しゅう教えてえや。

正確には、**ジュニアニーサ**っていうんだ。これも税制面でお得な投資の制度。**ジュニアニーサでは、京子ちゃんの両親や祖父母の方が運用の管理者になる**んだ。でもせっかくだから**親子で相談しながら行う**といいと思う。それがこどもへの金融教育になると思う。

ほうなんじゃ。うちもいきなり一人でやるんは不安じゃけえ、お父さんお母さんと相談しながらやる方がええわ。

そうだね。親子でいろいろと相談して買って、時々お金がどのくらい増えたり減ったりしているかを見るだけでもすごい勉強になると思う。

うわあ、うちも早うジュニアニーサやりたいわあ。先生、ジュニアニーサのこと、もっと詳しゅう教えてえや。えっとね、そうそう、

何歳までがこどもなん？

 0歳〜19歳だよ。

 ふーん、うちから見たらずいぶん先の話じゃ。で、どうお得なん？

 つみたてニーサと同じ。株式や投資信託から得られる分配金や配当、売却益が非課税になるね。

 そっか。あとね、いくらまで買えるん？

 非課税投資枠は年間で80万円まで。非課税期間は最長5年間。だから総額で400万円（80万円×5年）までということ。

 なるほど！　他に注意点はないん？

 うん、注意点というか、残念な点がある。

 残念な点ってなんなん？

 実はジュニアニーサはいまのところ（2021年4月時点）、2023年末で終了の予定なんだ。
【※ジュニアニーサの引き出しは原則として18歳からですが、途中で引き出すことも可能（その場合課税される）です。また、今後は引き出し用件が緩和される可能性があります】

 えー！　なんそれ！　うちらこどもが困るじゃん！

僕もそう思う。とても残念。だから2024年からは、こども用の通常の口座（税金がかかる）を使うといいと思う。節税面以外は基本的に同じだからね。

そうなんじゃ！　うちでもできるんがあって、ぶちうれしいで！

こどものころから資産形成に親しんでいれば、経済・社会の勉強にもなるしね。

つみたてニーサにジュニアニーサに、普通のニーサ、ほいでもってイデコ。はあ、ようけえ制度があるんじゃねえ。うち、またこんがらがってきたわ。

そうだね。次のページで一覧にしてまとめておこう。

それがええわ！

もう一度言うけど、こどもでも投資はできる。ぜひおうちの人と取り組んでみてね。

はーい。

▶それぞれの制度の特徴

	イデコ (個人型確定拠出年金)	つみたてニーサ	一般ニーサ	ジュニアニーサ
利用 できる人	原則20歳以上 60歳未満 国民年金または 厚生年金保険の被保険者 (今後条件を満たせば 65歳まで可能の見込み)	日本に住む 20歳以上の人 (今後成人年齢の 引き下げに伴い 18歳からに 変更の見込み)	日本に住む 20歳以上の人 (今後成人年齢の 引き下げに伴い 18歳からに 変更の見込み)	0～19歳
税制	全額所得控除	所得控除の 適用なし	所得控除の 適用なし	所得控除の 適用なし
運用益の 非課税期間	70歳まで (今後75歳まで 延長の見込み)	20年間	5年間	5年間
非課税 投資枠 (年間)	14.4万円～81.6万円 (会社員・自営業者などの 業態による)	40万円	120万円	80万円
非課税 累計 投資額	上限なし	800万円	600万円	400万円
投資対象 商品	定期預金・保険・ 投資信託	金融庁指定の 投資信託・ETF	上場株式 (ETF/REIT含む) 投資信託	上場株式 (ETF/REIT含む) 投資信託
新規に 投資できる 期間	原則60歳まで (今後条件を満たせば 65歳まで可能の見込み)	2018年～2037年 (今後2042年までに 延長される見込み)	2014年～2023年 (2024年から新ニー サになる見込み)	2016年～ 2023年
資産の 引き出し	原則60歳まで 引き出せない	いつでも	いつでも	原則18歳から
併用に ついて	ニーサか、 つみたてニーサの いずれかと併用可能	イデコと併用可能 (ニーサとは不可)	イデコと併用可能 (つみたてニーサとは 不可)	制限なし

本書作成時点の内容

第**5**章

失敗しない
運用方法を
教えてえや

ほんまに口座開いたらほっとくだけでお金増えていくん？

そこんところ詳しく教えてくれんかね？

"ほっとくだけ"が
最高の投資戦略なんじゃ!

 それではいよいよ運用方法について学んでいこう。これができていないと、結局何を選んでも、つみたてニーサでもイデコでもそれ以外の口座でもうまくいかないからね。

 ううー。ワクワクするー!　でも、ぶち難しそうじゃねえ。

 いやいや、全然難しくない。合理的な運用方法は誰にでもできる。小学生どころか、幼稚園児にだってできる。しかもある意味、世界中の賢いプロたちの平均である、ぶちええ平均(市場平均)の成績をも超えられる。

 ええ?　ウソじゃあ。市場平均はプロでも超えられん、ぶちええもんじゃろうが。

 まあ詳しくはおいおい見ていこう。

 でもプロは具体的にどうやって運用しとるん?

 プロの手法はファンダメンタル分析って呼ばれるよ。このファンダメンタル分析っていうのを使って、割安な株を買って、割高な株を売っているんだ。

ほうねえ。でも前に見た、チャート分析っていうのは勘違い（錯誤相関）じゃったね。あれは通用せんかったじゃん。

うん。あれは過去を分析するだけで、未来を予想することはできないというのが今の経済学の答えなんだ。

そうなんじゃ。でも、そのファンダメンタル分析ってなんなん？うち、カタカナの単語が出ると急にやる気がなくなるわ。もうようわからんわ。

あはは、大丈夫。ファンダメンタルっていうのは企業の基礎的な財務状況や経済の状況のこと。企業や経済の成績表だね。でもそれを京子ちゃんは理解する必要はないから。

なんで？　なんでプロがやっとる方法なのに、うちが理解する必要がないん？　こどもやと思うてバカにしとらん!?

違う違う。それはね京子ちゃん、世界中のお金の大半はプロが運用しているからなんだ。

あれ？　「ぶちええ平均がすごい」って話と一緒じゃない？

その通り。賢い専門家は世界中にたくさんいて、たくさんのお金を動かしている。だから、ファンダメンタル分析をみんながしっかりやっている。だからぶちええ平均そのものがすでにファンダメンタル分析をやりつくした結果、ともいえる。

5

失敗しない運用方法を教えてえや

あっ、うちわかった。プロの手法がファンダメンタル分析じゃろ。で、それが有効。でも世界中のプロがそれをやっとるけえ、それはもうぶちええ平均になっとる。

ふむふむ。

じゃけえ、うちはファンダメンタル分析をせんでもええ。なんでかっちゅうたら、ぶちええ平均に連動するだけのぶちええ平均ランドセルを積み立て投資すれば、うちがファンダメンタル分析をマスターしたのと同じことになるからっちゅうわけじゃ。

その通り！　それこそが合理的な投資の神髄だと思う。そして、これから言う運用方法を理解すれば、誰でも結果として、ある意味ぶちええ平均を超える運用成果を残すことができるはず。

そんなんあるん？　しかもそれが簡単なん？　でも小学生にはさすがにできんじゃろう。

いや、それができるんだな。現在、そして未来において市場が賢い（効率的）とした場合、ぶちええ平均にはほとんどの情報が価格に織り込まれているはず、ということになる。ということは、僕たちはぶちええ平均ランドセルを持って「あること」をするだけでいい。

ワクワク。それ、なんなん？

僕たちがすべきことは「何もしないこと」をするなんだ。

はあ？　何もせんって、どういうことなん？

 何もしないっていうのは、文字通り、何もしないんだ。これが最高の運用方法。京子ちゃんがつみたてニーサやイデコの口座で長期分散積み立て投資を始めたら、「何もしない」でいい。ただ積み立てを継続するだけでいい。

 そうなん？　それが運用方法なん？　確かに何もせんのんなら小学生でもできるけど、ほんまにそれでええん？

 もちろん！

 ほんまかなあ。

 わかりやすく言えば、人間は「無意識にヘンテコな運用」をしてしまうクセがある。だから僕たちは失敗する。「いらんこと」をして市場平均に負けてしまう。これは特定の人の成績の話じゃなくて、たくさんの人の成績を統計的に見た場合のお話。

 そうなんかなあ。「いらんことした」ほうがええ気がするんじゃけど。

 京子ちゃん、思い出して。ぶちええ平均は賢いプロの頑張った結果だったよ。京子ちゃんや普通の人たちが、そんなプロたちよりもすごいと思う？

 あはは、思わんわ。そっか。それにもし、うちがファンダメンタル分析を極めても、それはぶちええ平均と同じようなもんになるかも

しれんね。じゃあ最初から何もせん方が楽じゃわ。

 ご明察。それと、ぶちええ平均ランドセルを保有して、何もしないと勝手に**複利効果**が働いて、長期的に見るとプロが超えられない市場平均の成績を勝手に超えていくと考えられる。最強の運用方法は「何もしない」ことだよ。

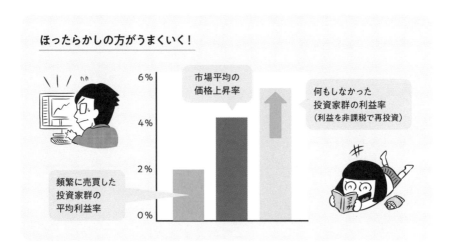

ほったらかしの方がうまくいく！

- 頻繁に売買した投資家群の平均利益率
- 市場平均の価格上昇率
- 何もしなかった投資家群の利益率（利益を非課税で再投資）

 何もしないのが一番いい方法なんじゃね。なんてラクなんじゃ！

利益が出たでえ！
売りゃあええじゃろ？

 京子ちゃんに、運用に関する問題を出してみるよ。

えよ。はあ、どんと来んさいや。

では、問題。

京子ちゃんが長期分散積み立て投資をしています。するとランドセルのお値段がどんどん上がってきました。100万円の投資金額に対して、なんと50万円も値上がりしています。いま売ると50万円の利益が手に入ります。京子ちゃんはどうしますか?

えっ! ぶちすごいじゃん。50万円も値上がりしとるん? そりゃ売るじゃろ! 売って50万円で欲しいもの買うで。

はい、不正解〜!

えー、なんでなん?

出た利益は老後(お金が必要な時)まで使わないよ。お金は雪だるま式に大きくしていくのが正解だったよね。また、京子ちゃんが働いている間はお給料が出るんだから、投資の利益を使う必要は一切ない。長期分散積み立て投資のお金は老後のためのお金、忘れないで。

そ、そうじゃった。じゃあ売って、元々の100万円のお金と50万円の利益を取っといて、また安うなったら買うことにするわ。これならええじゃろ?

それも、不正解!

なんで？　どう考えたって、高く売ってから、安く買いなおした方がええじゃろ！

 確かに理論上はそう。でもそれをやったら、さっき見たばかりの「いらんこと」をした運用で市場平均に負けてしまう人々の考え方と同じになる。それがなぜできないのか、思い出して。

 うーん。ほうじゃ、思い出した！　市場の値動きはでたらめじゃった。じゃけえ高い時と安い時は専門家でもわからんのじゃった。

 その通り！　じゃあ、最初の問題に戻るよ。利益が出ています。京子ちゃんはどうしますか？

 ……何もせんわ。

 へえ、どうして？

 プラスサムゲームじゃけえ、何もせんかったら全体は大きくなるじゃろ。ほんで市場はでたらめじゃ。そして、うちがやる投資は長期分散積み立て投資で、対象はぶちええ平均ランドセルじゃ。じゃけえ、何もせんかったら世界の偉い人たちのぶちええ平均を雪だるま式に上回れる。つまり、**うちは何もせんことでお金持ちになれるんよ。**

 ご明察！　京子ちゃんはいま、世界レベルの賢い投資家になりつつあるよ。

株価が急落したで！ 損切りするで？

 さて、おさらい。投資で利益を上げるには、「投資は安い時に買って、高い時に売るもの」というのが大事だった。でも多くの大人はある共通の勘違いをしていることがあるんだ。それは「損切り」と呼ばれる行為だよ。

 そんぎり？　何それ？　うちようわからんで。

 損切りは、一般的に買った時の値段より価格が下回ってしまった時に、「これ以上損失が広がらないように、投資対象を売る行為」だよ。文字通り、損を切り捨てるわけだね。

○安く買って、高く売る、×高く買って、安く売る

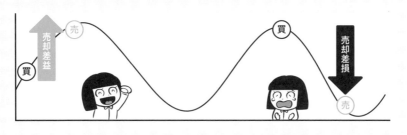

 ん？　それのどこが間違ったことなん？　うちには、ぶち正しいことに思えるんじゃけど。

失敗しない運用方法を教えてぇや

161

そう？　僕にはこの損切りという行為がおかしく見えて仕方がないけどね。

 どこがおかしいん？　うちにはようわからんわ。

 だって、正解は「投資は安い時に買って、高い時に売るもの」でしょ？

 あっ、ほうか。損切りっていうのをしたら、「高く買ったものを安く売る」になっちゃうね。

 そうだね。**長期分散積み立て投資で損切りなんてやっていたら、いつまでたっても利益が出ない**ことになるよね。

 そっかあ、**値段が買った時より下がるっていうことは、安く買うチャンス**じゃもんね。

長期の積み立て投資では株価が下がるのはうれしいこと

安い時にほったらかしの積み立て投資を続けることで
将来の期待利益率が上がる

そう。結局のところ、積み立て投資では安く買うことで平均購入価格が押し下げられて、より大きな利益が望めるってこと。安い時にも積み立て投資を継続することが重要なんだ。

 ほんまじゃね。ここでも積み立て投資を始めたらあとは「何もせん」が大事じゃね。

 うん。でも、損切りが正解の場合も実はあるんだ。

 えっ!?　そうなん?　一体どんな場合なん?

 それはね、分散投資ができていない時と、ゼロサムゲーム、つまり投機的な手法で行っている場合に必要なんだ。

 ゼロサムゲームってあれじゃろ?　同じリスクを背負っとるのに結果がでたらめになる、ヘンテコなやつ。

 そう、それ。ゼロサムゲームはいわば丁半博打（ちょうはんばくち）だから、賭けた目が外れた場合は、すぐにゲームを降りて次の勝負に挑む必要がある。だから、こういう時には損切りが有効なんだ。でも、さっきも言ったように、損切りは長期分散積み立て投資では不正解だから、間違えないようにしてね。

 はーい!

なんで非課税期間が20年なん？

ジャジャン！　京子ちゃんにまたもクイズです。

つみたてニーサはなぜ非課税期間が20年間なのでしょうか？

うわ、唐突すぎるクイズじゃね。

自由に考えて、答えてください。ちなみに正確な答えを僕は知りません。

なんなんそれ！……でもそう言えばなんでなんじゃろう？　うーん、長期分散積み立て投資のための制度じゃけえ、なんとなく20年間なんじゃないん？

そうかもしれないねえ。

先生はなんで20年間なんじゃと思うん？

うん、これは僕の勝手な推測なんだけど、聞いてくれる？

もちろん聞くでー。

それは20年間「何もしない」と、「たぶんうまくいく」ってこと。そ

れを金融庁の人たちは、僕たち国民に教えたいんだと思うんだ。ここまで説明をいろいろしてきたけど、たぶん京子ちゃんは長期分散投資で資産形成ができるということに対して、まだ半信半疑なんじゃないかと思う。

ギクッ！ そ、そんなことないよ？

はははは、目が泳いでるよ、京子ちゃん。まあ無理はないかな。だって実際にやったことがないし、成功したことがないんだから、いきなり「信じろ」なんて言われても難しいと思う。でも、これから20年、30年経つと、つみたてニーサで「何もしない」をした人たちは、どんどん資産が大きくなっていくと思う。京子ちゃんもそうなる。するとどうなるかな？

そうじゃねえ。実際にうちの資産が大きくなったら、つみたてニーサでのやり方が正しいと心の底から信じられる、かな？

でしょ？ 僕は金融庁の本当の狙いはそこにあるんじゃないかと思う。つまり実際にこれから多くの人が、つみたてニーサで「何もしない、積み立てるだけの資産運用」をすることができれば、20年後に大きな資産ができている。

ウシシ。そうなっとったら、ぶちうれしいで。

それを多くの国民が目の当たりにすると「ああ、つみたてニーサで資産形成ができるんだ」と本当に理解できる。そうして初めて「合理的な投資というのは、株式主体のぶちええ平均ランドセル

に長期分散積み立て投資して、"何もしない"ことが正解なんだな」ってわかる。そうするとどうなる?

どうなるん?

みんながそれをマネする。そうして日本の国民がどんどん豊かになっていく……。つまりつみたてニーサとは、そのための金融教育をする学校のような場所として国が作った制度なんじゃないかと思うんだ。

なるほど。みんながうまくいっとれば、みんなもマネしやすいかもしれんね。でも、「なんで非課税期間が20年なのか?」の答えはどうなったん?

あっ、そうだった。話が少しそれたね。なぜ20年なのかは、経験則的かつ統計的に見ると、20年間何もしないで長期分散積み立て投資を実行していると、年率のリターンがプラス2～8%に収まった、という統計的な実績があるからなんだ。これはリスク(値動きの幅)が小さくなるという意味ではないから、注意してね。

そうなん?　じゃあ期間が短かったらどうなったん?

期間が5年という短期だと、しばしば運用成果がマイナス8%までになる、というデータもあるんだ(※金融審議会　ワーキンググループ報告書　2019年6月より)。次の表を見ると、分かりやすいかもね。

投資は長期で行うことが重要

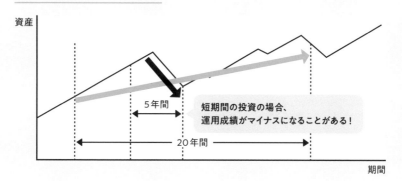

資産

5年間

短期間の投資の場合、
運用成績がマイナスになることがある！

20年間

期間

あっ、じゃあ20年間、長期分散積み立て投資をしたら絶対に儲かるってこと？

いやいや、そうとは断言できない。これは過去、その期間がそうであった、という事実でしかない。未来を保証しているわけじゃないよ。でも僕は個人的に、このデータは参考になると思っている。だから僕は、つみたてニーサで20年という期間は、それくらい長期でやれば「まあ、うまくいくんじゃない？」ということを国民に理解させるための期間じゃないか、だから20年なんじゃないか、って考えているよ。

ふーん、そっか。じゃあうちも20年後に、みんながうまくいっとったら本腰を入れて長期分散積み立て投資をしたらええかね。

いや、それはどうだろうか。それだと20年間というせっかくの複利効果の時間がもったいないよ。現役世代の人なら、気がついたいまが積み立て投資を始める時だよ。

でも、うち本音を言うと、まだ完全には信じられんわ。

そうかもしれないね。そして、未来は常に不透明だから、「必ずうまくいく」とは言えない。でも何もしないと、確実に老後のお金は足りなくなってしまう……。

それは……困るわ。

そうならないように気がついた時から資産運用をしなきゃいけない。そしてそれは自分の意思で決めて行うものなんだ。じゃあ、もう一つデータを見てみよう。例えば1990年から2019年の春までに、毎月45,333円を積み立て投資していたらどうなったと思う？

ん？　なんでそんなに中途半端な金額なん？

ああ、これはイデコの限度額の低い人の12,000円とつみたてニーサの限度額の33,333円の合計だよ。もちろん当時にはなかった制度だけどね。

なるほど。で、どうなったん？

出したお金は、総額でおよそ1,600万円。そして先進国株式の入ったぶちええ平均ランドセルを積み立てて「何もしなかった」場合、5,000万円くらいになった（投資額のおよそ3.3倍）。これは一人の人に起こったラッキーなことじゃない。その期間に同じことをしていた人は、みんなそうなった。

30年前(1990年)に毎月4万5,333円を積み立て投資していたら……?

出したお金	→	累計投資額 1,590万円
先進国株式 (円ベース配当込み)	→	運用資産額5,250万円 およそ3.3倍!

• 4万5,333円＝イデコ1.2万円＋つみたてニーサ3万3,333円
• 1990年〜2019年3月まで

 ぶちすごっ! うちも、はあ、そうなりたいわ。

 そうだね。この数字は過去のものであり、未来を保証するわけではない。でもリスクを背負うことで、リターンがついてくるという理論通りになっていると思わないかい?

 ほんまじゃね。また少しだけ積み立て投資の力を信じられそうじゃ。

 20年後のお金はどうしたらええん?

 しめしめ、これでうちはお金持ちじゃ。でも将来、増えたお金はどうしたらええんじゃろうか?

5

失敗しない運用方法を教えてえや

じゃあ、かなり先のことだけど、将来のお金のことについて見てみよう。まずはつみたてニーサね。

つみたてニーサって20年経ったら、税金がかからん期間が終わるんじゃろ？　そん時、どうしたらええん？

京子ちゃんが20歳でつみたてニーサを始めたら、最初の20年後はまだ40歳くらいだから、何もしなくていいよ。

何もせんでええん？

うん。おばあちゃんになるまではまだまだ時間があるからね。つみたてニーサで20年経つと、持っている「ぶちええ平均ランドセル」は、そのまま税金のかかる口座にお引っ越しできる。つまりそのまま持ち続けることができるんだ。

税金っちゅうんはどうなるん？

つみたてニーサで儲かっていた分にはもちろん非課税でお引っ越しできる。で、お引っ越し先の課税口座で新たに儲かった場合は、そこからは出た利益に税金がかかるよ。

ふーん。それって、つみたてニーサでは20年経ってもそのままお金を大きくし続けることができるってこと？

その通り！　お引っ越しした「ぶちええ平均ランドセル」は、お金が必要になる時までほったらかしにしておいてもいい。それにつみ

たてニーサの40万円の非課税枠は毎年新たに生まれ続ける見込みだから、引き続き積み立て投資を継続すればいいよ。

そっか。つみたてニーサは20年経っても一つの枠の非課税期間が終わるだけなんじゃ。じゃけえ、おばあちゃんになるまで持ち続けておくだけでええんじゃね。

そういうこと。

参考：金融庁ホームページ：https://www.fsa.go.jp/news/r1/sonota/zeikaitaiko01.pdf

ほいじゃあ、イデコは？

イデコは今後、希望者は65歳までお金を積み立てることができるよ。

参考：厚生労働省ホームページ
https://www.mhlw.go.jp/stf/seisakunitsuite/bunya/nenkin/nenkin_kyoshutsu/2020kaisei.html

まとめてお金が受け取れるってこと?

 えっとね、イデコでは大きく次のお金の受け取り方法があるんだ。原則としてこんな感じ。

① 60歳から75歳までの間のどこかで
一気にお金を受け取る

② 年金形式で5年から20年の期間内で、
少しずつ受け取る

③ ①と②を併用する(金融機関による)

(2022年4月からは受取期間が60歳から75歳までの間に延長される。上記は2022年4月以降の法改正に準ずる)

 ほうなんじゃ、受け取りかたは選べるんじゃね。で、どれがええん?

 僕は年を取っても元気に働けているのであれば、その間は、できるだけ放っておいていいと考えているよ。でも受け取りかたの問題はその時の経済状況や、その人の資産状況、退職金の大きさなどによって正解が異なってくるんだ。

 ふーん、うちはどうしようかなあ。その時がいまから楽しみじゃあ。

老後の安心・安全なお金の使いかた

 ねえ先生。おばあちゃんになって、お仕事を辞めたら、増やしたお金をどうしたらええんかね?

 うーん、いろんな考え方があるけど、老後にお金の心配をせずに済んで、かつ安定した生活を送るお金の使い方があるよ。

 それええじゃん!　教えてえや!

 まず、増やしたお金をすべて預貯金にして、銀行などの安全な場所に置いておく。これが❶ 安全なお金ね。

 ふむふむ。銀行なら安全じゃね。

 その際、万が一の銀行の倒産に備えて、各行1,000万円以内にしておくといい。もし銀行が倒産しても元本1,000万円とその利息までは保証されているからね。

 それからそれから?

 次に、長生きをした場合の年齢からお仕事を辞めた年齢を引いて、❷残りの生存月間数を出すんだ。

なるほど、長生きしたらあと何か月生きるかっちゅうことじゃね。

 うん。で、さっきの**❶ 安全なお金÷❷ 残りの生存月間数＝❸ 毎月銀行から引き出すお金**を出すんだ。まとめるとこんな感じ。

安心して使えるお金の計算方法

大きくしたランドセルを預貯金にしたもの＝ **❶ 安全なお金**

（100歳−仕事を辞めた年齢）×12か月＝ **❷ 残りの生存月数**

❶÷❷＝❸ 毎月銀行から引き出すお金

❸＋公的年金＝毎月安心して使えるお金（後述）

 あっ、うちわかったで。「**❶安全なお金**」を長生きする期間で割っとるけど、「毎月銀行から引き出すお金」の範囲内で生活をすりゃあ、お金に困らんで安心して老後を過ごせるっちゅうこっちゃね！

 そう。例えば京子ちゃんが65歳まで働いて、その時に「**❶安全なお金**」が全部で5,460万円あるとする。これは最初に話し合った金額だよ。

 思い出したで。つみたてニーサとイデコで毎月4万円をぶちええ平均ランドセルに積み立て投資して、増やしたお金じゃね。ウシシ、うち、ぶちお金持ちじゃあ！

うん。じゃあ、それで老後に毎月いくら引き出せるのか計算してみよう。

❶ 安全なお金＝5,460万円

❷ 残りの生存月間数＝420か月

（100歳−65歳＝35年間　35年×12か月＝420か月）

❸ 毎月銀行から引き出すお金＝13万円

（5,460万円÷420か月＝13万円）

あれれ、なんか少ないね。毎月13万円で生活できるん？

ちょっと厳しい。これに将来受け取れる公的年金を足す。京子ちゃんの場合は60年後だとして2080年ぐらいだね。

2080年！　超未来じゃ！　想像もできんで。

そうだねえ。でもここでは少子高齢化が進んで、公的年金が少ない未来を想定してみよう。公的年金が現在のお金の価値になおして毎月13万円しか受け取れないとするよ。これも最初に話した金額だね。でもこれは未来のことだし、受け取れる金額は人によるから一概には言えないけどね。さあ計算してみよう。

ええっと、そうすると、「❸毎月銀行から引き出すお金」の13万円、足す公的年金13万円で、毎月合計26万円じゃね！

失敗しない運用方法を教えてえや

そう、だからこの場合では老後に毎月26万円以内で生活ができれば、ずっと安心、楽しく暮らせるっていうことになる。

はあ、確かにこれなら安心じゃ。普通に暮らせばもう一生お金で困ることはなさそうじゃ、って、あれれれ？　うち、ぶちお金持ちになったはずなのに、なんか月26万円じゃあ普通の生活みたいな気がするで。

そうだね。いまの平均的な世帯の水準だね。でもこれが一番お得な税制優遇制度を使って、現役時代に大きなリスクを背負って、こつこつ積み立てて、お金を効率良く大きくしてきた努力の結晶なんだ。

ハッ。……なんかいま、**これまで学んだことが走馬灯のように浮かんできたで。**

走馬灯の使いかたが違うと思うんだけど……。

先生、うち、お金を増やすことの本当の大切さが、いまようやくわかった気がするで。

どんなこと？

もしうちがリスクの低い投資対象を選んどったり、積み立て投資をしとらんかったら……ブルルッ。ぶち怖いわあ。はあ、つみたてニーサとイデコの大事さが改めて身に染みたでえ。

そうだね。これからの時代はお金を増やすことは、やってて当たり前のことになると思う。

 ほんまじゃあ。うちの未来はうちが作れるんじゃねえ。

 そう。収入が同じ本人でも、お金の知識のある・なしで未来は変えられる。京子ちゃんがそこに気がついてくれて、僕はとってもうれしいよ。

 でも、おばあちゃんになったら、投資はもうせんのん?

 もちろんもっと「❶安全なお金」がたくさんあって、公的年金がたくさん受け取れて、毎月の余裕資金が潤沢にあるようなら、それを計算して、その金額を投資に回してもいいよ。

 うち、もっとお金を大きくしちゃろうかな(ニヤリ)。

 でも、老齢期の多くの人はもうお仕事からの収入がないか、少なくなっているから現役世代のように大きなリスクは背負えないと思うよ。特に全体の資産が少ない人が現役時代並みのリスクを背負ったまま2020年のコロナショックみたいな状況になったら大変だからね。

 なるほど。確かにそうじゃあ。若い時はぶちええ平均ランドセルでリスクを背負ってお金を大きくするべきじゃけど、おばあちゃんになったら大きなリスクは背負えんわ!

お金持ち＝人生の成功？

はい、これでお金の増やしかたのお話はおしまいだよ。

えっ、ウソ。もう終わりなん？

うん、終わり。これは京子ちゃん向けに省略して説明したんじゃないんだよ。大人でも同じなんだ。大事なことは、これから自分で考えて、選んで、お金を大きくして、そして使っていく、という当たり前のことをするだけなんだ。

そっか。確かにうち、最初はぶち複雑なことをするんじゃと思いよった。でも実際にすることは、つみたてニーサとイデコの口座を開いて、株式主体のぶちええ平均ランドセルを選んで、あとはおばあちゃんになるまで何もせんことじゃった。

そういうこと。ね？　内容自体は小学生でもわかったでしょう？

ほんまじゃ。これならうちのクラスの友達でもみんなわかるし、できるで。

そう。**合理的な資産形成は誰にでもできるんだ。そして、資産形成に本当に重要なのは「時間・お金（投資額）・投資対象」なんだ。**これを見て。

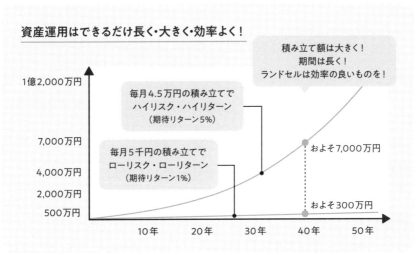

資産運用はできるだけ長く・大きく・効率よく！

積み立て額は大きく！
期間は長く！
ランドセルは効率の良いものを！

毎月4.5万円の積み立てで
ハイリスク・ハイリターン
（期待リターン5%）

毎月5千円の積み立てで
ローリスク・ローリターン
（期待リターン1%）

1億2,000万円

7,000万円

4,000万円
2,000万円
500万円

10年　　20年　　30年　　40年　　50年

およそ7,000万円

およそ300万円

※あくまでもシミュレーション一例です

時間が長ければ長いほど、積み立て投資の期間は延びるから、お金をたくさん増やせる。京子ちゃんは12歳でお金の増やしかたを理解した。だからもしこれから資産運用をすれば、とても長く資産形成ができる。

うわー！　ぶちすごい！　これで一生お金に困らなくて済みそうじゃ。学校のみんなにも教えてあげたいわ！

うん。きちんとできれば、本当にそうなると思う。でも……。

でも？　なんなん？

うん。でも、お金がすべてじゃないとも思うよ。人生をいかに楽しく、素敵に生きるかが本当に大切なことなんじゃないかな。

そっか。うちにはまだようわからんけど、先生がそう言うんならそうなんかもしれんね。

 うん。そして良い人生は年を取ってから作ろうと思っても、すぐにはできないんだ。それこそ、老後に短期間でお金を大きくしようとしても、難しいのと同じようにね。

 ほうじゃねえ。短期じゃあ、投機になるけえねえ。

 だから、僕は最近いつも思うんだ。みんな、20歳になったら自分の積み立て投資の口座を早く作って、金融商品を選んだら、あとは資産運用のことは何にも心配しないで、ひたすら積み立て投資に徹すればいいって。そして、それ以外の大事な時間は、家族や友達、そして自分自身が楽しく生きられるように、準備することに使うべきじゃないかって、そう思うんだ。

 ふーん。長期分散積み立て投資はすごい時間が必要じゃけど、人生も、毎日コツコツと積み立てて準備していくもんなんかもしれんね。

 そうだね。毎日コツコツといろんなものを積み立てていけば、きっと未来は明るいと思う。いつの時代に生きる人もそうだと思うけど、たぶん、京子ちゃんの時代もとても大変な時代になると思う。でも、だからこそ、知識と計画性を持って、挑んでいくことが大事だと思うんだ。京子ちゃん、頑張ってね！

 うん！　うち、頑張るけえ！

おわりに

資産運用が特別な時代は、もうおしまい

ちょっと所長！　私の出番がちょっとしかなかったじゃないですか！

うぉっ、びっくりした！　山田さん、まだ帰ってなかったんですか？

最初から最後までいましたよ！　出番まだかなーって待ってました！

そ、そうだったんですか。じゃあ、最後は山田さんと会話して締めましょうか。

はいはい、どうぞ。

……えーっとですね。筆者の運営する『金融教育研究所』では、「すべての人に金融リテラシーを」という目標を掲げています。
（金融リテラシー：お金を使いこなす知識・教養）

知ってます。エヘン！

あっ、はい。本書をお読みいただいた読者の方には、もう投資と投機の違いがおわかりいただけると思いますが、従来は投資と投機の違いも明確でなく、「投資は危ないからよしなさい」「投資はギャンブルみたいなものだ」という考えかたもあったかと思います。

そうですねえ。私もずっとそう思っていました。

もちろん、投資には危険な一面があることは否定できません。どこまで行っても「絶対に儲かります！」とは言えない世界です。

本当ですねえ。だからこそお金の知識が大切ですね。

ええ。そして金融リテラシーは、選ばれた一部の人のものだけではありません。これからの時代は普通の人にこそ必要な「知っていて当たり前」な知識だと思います。また、そうなるべきだと思います。

そうですね。所長は公開講座の料金回収するのを忘れるくらい、金融教育に夢中になりますもんね。

あはは、そうですね(汗)。僕は、誰でも——できれば学校などで——合理的な金融リテラシーの知識を身につけることができるようになれば、この日本という国の人々のお金の状況は、大きく変わる可能性があると考えています。

そしたら、どうなるのですか？

少しだけ人々の財布のひもが緩み、物やサービスが売れます。すると、今度は物やサービスを提供する人の売り上げが少し上がり、少し収入が増えます。今度はその人たちの財布のひもが緩み、また物やサービスが売れます。こんなふうに、金融リテラシーの普及により、いい循環が少し生まれます。結果として、この世界を少し明るくすることができるんじゃないでしょうか。

確かにそうですね。結局のところ、経済なんて人の気持ち次第ですもんね。

 はい。つまり、一人の個人（あなた）が金融リテラシーを増やして、少し資産を増やすということは、世界が少し元気よく、明るくなることと直結していると思うのです。僕はそれを信じて毎日、金融リテラシーの普及に努めています。

 あら所長、なんだか今日は真面目ですね。

 あ、はい、どうも……。まあ、もちろん、「自分自身がお金に関わる勉強をするのが楽しいから」という一面があるんですけどね。

 ふふふ。

 今後も社会に役立つような仕事ができるように努めていきたいと思います。改めまして、本書を最後までお読みいただきました読者のあなたへ、「ありがとうございます」。本書が読者の方の合理的な資産形成を考える一助になれば幸いです。またどこかでお会いしましょう！

memo

memo

参考文献

『金融工学―ポートフォリオ選択と派生資産の経済分析』野口悠紀雄(ダイヤモンド社)

『図解でわかる ランダムウォーク&行動ファイナンス理論のすべて』田渕直也(日本実業出版社)

『新・証券投資論Ⅰ』小林孝雄／芹田敏夫(日本経済新聞出版)

『資産運用実践講座Ⅰ投資理論と運用計画編』山崎元(東洋経済新報社)

『チャールズ・エリスのインデックス投資入門』チャールズ・エリス(日本経済新聞出版)

『インデックス・ファンドの時代―アメリカにおける資産運用の新潮流』ジョン・C. ボーグル(東洋経済新報社)

『シーゲル博士の株式長期投資のすすめ』ジェレミー・シーゲル(日本短波放送)

『ウォール街のランダム・ウォーカー―株式投資の不滅の真理』バートン・マルキール(日本経済新聞出版)

『賢いはずのあなたが、なぜお金で失敗するのか』ゲーリー・ベルスキー他(日本経済新聞出版)

『敗者のゲーム〈原著第6版〉』チャールズ・エリス(日本経済新聞出版)

『現代ポートフォリオ理論講義』根岸康夫(金融財政事情研究会)

『ウォール街があなたに知られたくないこと』ラリー・E・スウェドロー(SBクリエイティブ)

『アクティブ・インデックス投資―インデックス運用の最先端』スティーブン・ショーンフェルド(東洋経済新報社)

『手にとるように金融のことがわかる本―銀行の仕組みから金融不安まで』かんき出版編集部(かんき出版)

『「幸せをお金で買う」5つの授業』エリザベス・ダン／マイケル・ノートン(KADOKAWA)

『貧乏人の経済学―もういちど貧困問題を根っこから考える』アビジット・V・バナジー／山形浩生他(みすず書房)

『「保険のプロ」が生命保険に入らないもっともな理由』後田亨(青春出版社)

『東大がつくった高齢社会の教科書：長寿時代の人生設計と社会創造』東京大学高齢社会総合研究機構(東京大学出版会)

『確率論的思考』田渕直也(日本実業出版社)

『マンガでわかる統計学』大上丈彦(SBクリエイティブ)

『リスク―神々への反逆(上・下)』ピーター・バーンスタイン(日本経済新聞出版)

『行動ファイナンス―市場の非合理性を解き明かす新しい金融理論』ヨアヒム・ゴールドベルグ(ダイヤモンド社)

『Adaptive Markets 適応的市場仮説―危機の時代の金融常識』アンドリュー・W・ロー(東洋経済新報社)

『ファスト&スロー―あなたの意思はどのように決まるか?(上・下)』ダニエル・カーネマン(早川書房)

『行動経済学まんが ヘンテコノミクス』佐藤雅彦他(マガジンハウス)

『セイラー教授の行動経済学入門』リチャード・セイラー(ダイヤモンド社)

佐々木裕平 ささき・ゆうへい

金融教育研究所代表。 1級ファイナンシャルプランニング技能士。「すべての人に、金融リテラシーを」をモットーに、中立・公正な立場での情報発信を心がける。書籍、記事執筆、各種講演、公開講座などで金融リテラシー（金融教育）の普及啓もう活動に尽力。執筆活動の一方、行動経済学（プロスペクト理論）と金融経済学(現代ポートフォリオ理論)を背景にした講演を行う。著書に『入門お金持ち生活のつくり方』(こう書房)、『学校では教えない！ お金を増やす授業』(ぱる出版)など。

金融教育研究所ホームページ　https://kinikuk.com/

FPの先生！
小学生の私でもわかるようにお金の増やしかた教えてえや

2021年5月18日　第1刷発行

著者　　　　　　　佐々木裕平

発行者　　　　　　山本周嗣
発行所　　　　　　株式会社 文響社
　　　　　　　　　〒105-0001
　　　　　　　　　東京都港区虎ノ門2丁目2-5共同通信会館9F
　　　　　　　　　ホームページ　https://bunkyosha.com/
　　　　　　　　　お問い合わせ　info@bunkyosha.com
編集　　　　　　　畑北斗
印刷・製本　　　　中央精版印刷株式会社

カバー・本文イラスト　　しまだたかひろ
装丁・中面デザイン　　　大井香苗
デザイン協力　　　　　　文響社デザイン室
企画協力　　　　　　　　おかのきんや（企画のたまご屋さん）

Printed in Japan ⓒ2021 Yuuhei Sasaki ISBN978-4-86651-378-2